AF391544

SECRÉTAIRE

DU

GENDARME.

SECRÉTAIRE

DU

GENDARME.

RECUEIL DE FORMULES

OU MODÈLES DE PÉTITIONS, DEMANDES, RÉCLAMATIONS
ET LETTRES ADRESSÉES AUX AUTORITÉS
DANS UN INTÉRÊT PERSONNEL, DE FAMILLE OU DE SERVICE

Avec indication des pièces à fournir pour obtenir
une solution favorable ;

PAR

Le Baron COCHET DE SAVIGNY,

Officier de la Légion d'honneur. — Officier supérieur de gendarmerie.
— Auteur du *Dictionnaire*, du *Formulaire*, du *Mémorial de la
Gendarmerie*, et de plusieurs autres ouvrages sur l'arme.

2ᵉ ÉDITION,
Revue, corrigée et augmentée.

Paris,

LÉAUTEY, IMPRIMEUR DE LA GENDARMERIE,
Rue Saint-Guillaume, 23.

1857.

PRÉFACE.

—

L'intérêt si naturel, si bien mérité, que nous portons à tous les membres de la grande famille de la gendarmerie, à cette classe de braves, dignes à tant de titres de la bienveillance qui les accompagne jusque dans leur retraite, nous a inspiré cet ouvrage.

La forme à donner à une demande ou à une réclamation embarrasse souvent ceux qui n'ont pas une certaine habitude de la correspondance officielle, et nous avons pensé que pour beaucoup de militaires il serait agréable d'avoir un guide dans diverses circonstances de leur service.

Au périlleux métier des armes on ne fait pas fortune et alors qu'après avoir fourni une longue carrière militaire l'on rentre dans la vie civile, il faut presque toujours s'y créer une position pour subvenir aux dépenses de la famille.

Dans un principe de justice et d'équité, l'influence de tous ceux qui savent apprécier le mérite militaire doit tendre avec une sollicitude particulière à récompenser de mieux en mieux les hommes qui ont rendu et ne cessent de rendre des services au pays. C'est une compensation des sacrifices que l'Etat leur a imposés dans l'intérêt de la société, et une dette que l'on doit payer à leur dévouement.

L'Etat trouvera dans les militaires de la gendarmerie, que la retraite a rendus à la vie privée et qui rentrent dans leurs foyers avec des certificats d'honneur et de bonne conduite, des hommes dignes de sa confiance et de ses préférences ; ils ont consacré leurs plus belles années à la défense du pays, à la protection de la société, et ils y ont contracté ces habitudes d'ordre qui font les bons fonctionnaires, et qu'on ne saurait trop dignement apprécier.

Pour faciliter à mes anciens camarades les moyens de faire connaître leurs besoins et de se procurer des emplois qui puissent augmenter leur bien-être, j'ai pensé qu'il serait utile de leur offrir un *Secrétaire* ou *Guide*, qui leur rendît facile la rédaction des diverses pétitions à adresser aux différentes autorités.

Il est beaucoup d'emplois qui peuvent être affectés, dans les carrières civiles, aux anciens militaires de la gendarmerie. Nous en avons établi comme une sorte de statistique. Nous avons pris en considération toutes les positions dans lesquelles a pu se trouver et se trouve actuellement un gendarme, un brigadier ou un sous-officier, nous avons passé en revue les emplois auxquels leur donnent droit l'ancienneté de leurs services et le grade qu'ils ont occupé dans l'armée. Suivant ces diverses indications, nous avons préparé des pétitions qui exposent leurs droits, énumèrent leurs besoins et les mettent à même de connaître ce à quoi ils peuvent prétendre, en leur facilitant ainsi les moyens de se créer un avenir meilleur.

Dans tous les temps, les gouvernements ont conféré aux officiers, sous-officiers et soldats retraités, des droits à certains emplois civils afin de les mettre à même d'améliorer leur position, modeste récompense de leurs longs services.—(Voir la loi du 22 août 1791, le décret de l'empereur Napoléon Ier du 8 mars 1811, le décret de l'Assemblée nationale du 15 mai 1849, enfin le décret du 25 mars 1852 par lequel Napoléon III, confirmant cette législation, fait revivre sous son règne l'intérêt que Napoléon Ier a constamment porté à ses soldats.)

Voici, d'après un travail de M. Mortimer-Ternaux, la récapitulation des emplois dont l'Etat pourrait disposer, non pas en totalité, mais dans la proportion de moitié au moins en faveur des officiers, sous-officiers et soldats :

	1re catégorie.	2e catégorie
Emplois payés par le budget de l'Etat.	87,243	32,848
Emplois payés par les budgets des départements, des communes et des établissements publics.	66,634	11,115
Emplois payés : 1° par les fonctionnaires publics sur leurs fonds d'abonnement ; 2° par les compagnies concessionnaires : 3° par les particuliers (agents et gardes assermentés). . . .	15,495	5,745
Effectifs. . . .	169,372	49,708
	219,080	

Ainsi l'Etat pourrait disposer, dans les carrières civiles, de la moitié au moins de 219,080 emplois pour rémunérer les militaires qui, après avoir consacré leurs plus belles années à la défense de la patrie, rentrent dans leurs foyers avec des certificats d'honneur, de bonne conduite et de capacité.

Les sous-officiers, brigadiers et soldats n'ont pas *seuls des droits* à la sympathie de la France et du pouvoir. L'Etat peut trouver parmi les *officiers* que la retraite a rendus à la vie civile, si souvent avant l'âge, des hommes dignes de ses préférences par la distinction de leurs services, et de sa confiance par leur mérite personnel.

Il ne faut pas oublier que, parmi les officiers qui **rentrent dans leurs foyers**, après avoir fourni une plus longue carrière militaire que leurs frères d'armes des rangs inférieurs, après avoir été, eux aussi, simples soldats et sous-officiers, il y a de nobles et légitimes besoins à soulager, des services distingués à récompenser, des capacités d'élite et des dévouements éprouvés à utiliser.

Et pourquoi donc (*dit M. Mortimer-Ternaux*) ne pourraient-ils pas concourir encore pour obtenir des emplois de préfet, de sous-préfet, de conseiller de préfecture, de justice de paix, de recettes générale ou particulière, de payeurs, etc., etc.? L'expérience n'en a-t-elle pas déjà été faite sous Napoléon Ier; n'a-t-on pas été satisfait du résultat?

Est-ce qu'un officier général qui a commandé un département, un colonel qui a dirigé un état-major ou commandé et administré un corps de troupe, présidé des conseils de guerre, siégé dans les conseils de révision ou recrutement, n'offriraient pas dans une magistrature préfectorale autant de garantie, de patriotisme, d'expérience et de capacité que des hommes jetés subitement par les influences politiques ou par une révolution dans le courant des affaires publiques? Est-ce que naguère les généraux *de Lameth*, préfet du Lot; *Pommereul*, préfet de l'Indre-et-Loire; *de Lachaise*, préfet du Pas-de-Calais; *Julien*, préfet du

Morbihan ; les colonels *Auvray*, préfet de la Sarthe : *Jubé*, préfet du Gers, etc., etc., ne rendaient pas de bons et utiles services à l'administration du pays, après avoir concouru à sa défense dans les rangs de l'armée ?

Un préfet, un sous-préfet, ont besoin de popularité. Ils ont besoin non-seulement d'imposer par l'autorité du talent, mais aussi par l'autorité des services. C'est précisément à cause de cela qu'il est avantageux aux intérêts du pays, qu'il est politique d'admettre à concourir pour ces postes importants quelques hautes capacités militaires.

Pourquoi la magistrature préfectorale des conseils de préfecture ne s'ouvrirait-elle pas à d'anciens officiers d'état-major des corps de troupe qui se recommanderaient par des études sérieuses et par la dignité du caractère et des mœurs.

Les populations n'aimeraient-elles pas comme nous, à voir siéger dans le prétoire de la justice de paix ce vieux soldat, ce vieux capitaine dont les fonctions dans sa compagnie ne furent pas sans analogie avec ce qu'il y a de paternel dans celles des juges de paix, qui, dans les conseils de guerre comme juge, ou dans les parquets militaires comme organe du ministère public, étonna souvent les avocats par son intègre et judicieuse intelligence de la loi et des devoirs du magistrat : nous avons toujours été surpris de voir tant de notaires, tant d'avoués, tant de greffiers, tant de propriétaires et si peu d'anciens officiers ou sous-officiers arriver à ces magistratures populaires.

On a trop souvent conféré des emplois de finance à des personnes qui n'avaient d'autres titres que des garanties d'argent et de crédit ; mais quand ces garanties se trouvent réunies à des droits acquis dans les emplois supérieurs de l'armée, l'État leur doit ses préférences. N'est-il pas plus convenable et plus juste de confier les recettes générales ou particulières et les emplois de payeurs à d'anciens officiers comptables, à d'anciens majors? »

Les emplois civils à donner aux militaires retraités, de tous grades, sont présentés en plusieurs catégories. On en trouvera la nomenclature à la suite des formules des pétitions des sous-officiers, brigadiers et gendarmes: on a suivi l'ordre hiérarchique où ils doivent être conférés pour se renfermer le plus possible dans les termes du décret de 1811.

Nous n'avons pas cru devoir tracer de formules pour MM. les officiers, qui, mieux que nous, sauront les rédiger. Nous leur avons seulement indiqué les emplois auxquels ils peuvent prétendre et les autorités compétentes à qui l'on doit s'adresser.

Cet ouvrage est divisé en deux parties :

La première contient les formules de pétitions, lettres, demandes et réclamations que les militaires de la gendarmerie, en activité de service, sont en position d'adresser soit à leurs chefs, soit aux divers fonctionnaires militaires ou de l'ordre administratif;

La seconde présente aux militaires retraités ou sur le point de l'être, l'indication des nombreux emplois auxquels ils peuvent être appelés, avec l'énumération des différentes pièces nécessaires pour établir leurs droits aux faveurs qu'ils sollicitent.

Enfin le *Secrétaire* du gendarme fait connaître à qui ces différentes pièces doivent être hiérarchiquement adressées et donne, en outre, les indications utiles à la prise en considération des demandes formulées.

En offrant cet ouvrage à nos anciens camarades, nous avons l'espoir d'avoir satisfait à l'un de leurs désirs, heureux si par nos recherches nous avons pu donner à quelques uns les moyens de rendre la carrière plus profitable à leurs intérêts.

OBSERVATIONS PRÉLIMINAIRES.

—

L'usage et les convenances prescrivent de ne faire usage pour les pétitions, mémoires, réclamations, que de papier du format *tellière* ou *papier dit ministre*. Le petit papier in-octavo n'est employé que pour les lettres familières.

La marge à laisser en blanc, à gauche de chaque page, doit être du tiers environ de la largeur du papier; dans la pratique des affaires, cet espace laissé en blanc sert aux annotations ultérieures que comporte la demande.

En tête des lettres ou des pétitions, on placera le titre de la personne à laquelle on s'adresse : *A Monsieur le Ministre de la guerre ; à Monsieur le Sénateur Préfet de...* puis il convient de laisser en blanc un espace à peu près égal à la marge, avant de placer la vedette, c'est-à-dire les mots : *Monsieur le Ministre, Monsieur le Préfet,* qui seront suivis d'un espace en blanc égal au précédent.

En écrivant à un supérieur ou à une personne plus haut placée que soi, il faut éviter les expressions familières; par exemple les mots *mon cher Monsieur ;* ils sont tout au plus convenables entre égaux.

Les mots *Monsieur, Madame,* etc., placés dans le corps de la lettre, doivent être écrits en toutes lettres s'ils indiquent la personne à qui l'on s'adresse; s'ils se rapportent à une personne autre, on peut les mettre en abrégé M^r, Mme.

La date est placée plus respectueusement à la fin qu'au commencement de la demande. Elle doit être mise à gauche de la signature de l'exposant et être précédée de l'indication du lieu où l'on écrit et où peut être adressée la réponse.

Les ratures, surcharges, interlignes et renvois, dénotent la négligence du rédacteur, et constituent une irrévérence qu'il est convenable d'éviter. Il en est de même des *post-scriptum*.

Terminer une demande par les mots *j'ai l'honneur d'être votre très-humble serviteur* est une formule qui a le double défaut d'être banale et peu respectueuse.

Les mots *ma parfaite considération* ne sont convenables qu'envers nos égaux ou nos inférieurs; si nous avons besoin de la considération de nos supérieurs, eux peuvent se passer de la nôtre, et ils ont droit à notre respect.

Les demandes les moins longues et plus facilement lisibles sont souvent les mieux accueillies; il faut être sobre de mots, poli sans adulation. Il convient aussi de proscrire les inutilités, de n'exposer que ce qui est nécessaire pour faire apprécier la position, les droits et l'aptitude du pétitionnaire.

Les *assurances d'éternelle reconnaissance* peuvent être supprimées: leur présence n'augmente ni les droits ni la possibilité; leur absence ne diminue point les chances de succès. En définitive, l'exposé de la pétition doit être contenu dans le recto de la 1re page, autant qu'il sera possible.

Écrire soi-même vaut mieux qu'emprunter la plume même plus élégante d'un autre. On suspecte la capa-

cité et l'aptitude de celui qui ne produit que sa signature, surtout quand elle est peu lisible.

Toute demande ou pétition doit être pliée en quatre,
mise sous enveloppe et non sous bandes, et cachetée
à la cire. D'abord parce que les convenances l'exigent,
ensuite pour éviter les indiscrétions de la curiosité.

Les demandes adressées aux ministres circulent
gratuitement. L'adresse doit exprimer exactement les
titres et qualités de la personne à qui elle est destinée.

Celles adressées aux autres fonctionnaires doivent
être affranchies.

PREMIÈRE PARTIE.

—

Militaires de la Gendarmerie en activité de service en position d'adresser, soit à leurs chefs, soit aux divers fonctionnaires militaires ou de l'ordre administratif, des demandes, des lettres et réclamations.

OBSERVATIONS SPÉCIALES.

—

Les demandes comprises dans la première partie peuvent toujours être écrites sur papier *non timbré* et dans la forme qui a été déterminée par le cahier des modèles et formules annexé au décret du 1er mars 1854.

Les demandes et réclamations que les membres de la gendarmerie en activité de service adressent à leurs supérieurs doivent toujours leur parvenir par la voie hiérarchique ; c'est une prescription militaire de laquelle on ne doit jamais s'écarter. Si leur chef immédiat leur refuse d'y répondre ou d'en opérer l'envoi, alors seulement ils peuvent s'adresser à l'officier du grade immédiatement supérieur ; l'infraction à ces règles de la hiérarchie, suivie de punition, est une cause du rejet de la pétition.

Réclamer par la voie des journaux serait une infraction plus grave encore et déterminerait une punition exemplaire. (*Circulaire ministérielle du 19 avril 1853. (Voir le Mémorial.)*)

Les réclamations individuelles sont seules autorisées. Si plusieurs militaires ont à produire, même des demandes identiques, ils doivent les faire chacun séparément.

Si à la rigueur on n'est tenu de dire : MON général, — MON colonel, — MON commandant, — MON capitaine, etc., qu'à l'officier de ce grade, sous les ordres duquel on se trouve placé, il faut reconnaître que ces expressions, auxquelles on peut substituer celles de Monsieur le général, Monsieur le colonel, sont une marque de respect qui ne peut que contribuer à resserrer les liens de la discipline; c'est ce qui nous a décidé à les adopter.

Dans tous les cas, un grade inférieur ne peut supprimer le pronom personnel MON envers le grade supérieur et désigner son chef sous la simple dénomination de *général*, — *colonel*, — *commandant*, — *capitaine*, etc. Cette suppression ne peut *avoir lieu* que du grade supérieur au grade inférieur, ou entre grades égaux.

N° 1.

DEMANDE pour être admis dans la gendarmerie.

—

Si le militaire appartient à un régiment, il doit s'adresser à l'inspecteur général (art. 19 du décret du 1er mars 1854) :

A Monsieur le général de division (*ou de brigade*), inspecteur général du (n°) régiment de.... (*Indiquer l'arme à laquelle le militaire appartient*).

Cependant, dans l'intervalle d'une inspection à l'autre, les militaires des régiments peuvent être proposés pour la gendarmerie par les généraux commandant les divisions militaires :

A Monsieur le général de division commandant la (*n° de la division dans laquelle se trouve le régiment*) division militaire.

La formule suivante peut être employée dans les deux cas :

Mon général,

(*Suivre le protocole général n° 1.*)

X... (*prénoms*), chevalier de la Légion d'honneur (*ou décoré de la médaille militaire ou d'autre insigne d'honneur, grade*), à la (n°) compagnie du (n°) bataillon ou escadron du... régiment d...., désirant être admis dans la gendarmerie, a l'honneur de vous prier de vouloir bien le proposer pour un emploi de gendarme (*à cheval ou à pied*) dans la.... légion (*ou dans la compagnie de.... ou seulement dans cette arme*).

Vous trouverez dans les pièces ci-jointes, au nombre de.... les motifs militant en sa faveur, sous le

6

rapport de ses services, de sa conduite, de son instruction (*des ressources qu'il peut avoir*).

Il espère que ces renseignements attireront sur lui votre bienveillance et votre justice.

Daignez agréer, monsieur le général, l'hommage de mon profond respect.

(*Ici la signature.*)

A.... le.... 18.....

———————

Les militaires momentanément dans leurs foyers peuvent être proposés par les chefs de légion de gendarmerie, à la condition de produire le consentement de leur chef de corps.

Les militaires envoyés dans la réserve en attendant la libération de la classe à laquelle ils appartiennent, et ceux qui sont libérés définitivement du service sont proposés pour la gendarmerie, par le chef de légion, sur la présentation des commandants de compagnie. C'est donc aux commandants de compagnie que doivent s'adresser les militaires dans leurs foyers, en leur remettant une demande semblable à celle ci-dessus, sauf le remplacement des mots *Mon Général, Monsieur le Général*, par *Mon Colonel, Monsieur le Colonel*.

Mode de recrutement et conditions d'admission dans la gendarmerie.

Nota. Les emplois de gendarme sont donnés à des militaires en activité, ou appartenant à la réserve, ou libérés définitivement du service, quel que soit le corps dans lequel ils ont servi, lorsqu'ils réunissent, d'ailleurs, les conditions d'âge, de taille, d'instruction et de bonne conduite, ci-après.

Les conditions d'admission dans la gendarmerie, sont :

1º D'être âgé de 25 ans au moins et de 40 ans au plus. Les anciens gendarmes seuls peuvent être réadmis jusqu'à 45 ans ; toutefois, nul ne peut être admis, s'il est trop âgé pour pouvoir compléter à 60 ans le temps de service exigé pour la retraite ;

2° D'avoir, au moins, la taille de 1 m. 72 centim. pour l'arme à cheval, et de 1 m. 70 centim. pour l'arme à pied ;

3° D'avoir servi activement sous les drapeaux pendant trois ans au moins ;

4° De savoir lire et écrire correctement ;

5° De justifier par des attestations légales d'une bonne conduite soutenue. (*Art.* 17 *et* 18 *du décret du* 1er *mars* 1854.)

Indications que doivent présenter les mémoires de proposition, et nomenclature des pièces qui les accompagnent.

Tout mémoire de proposition d'admission dans la gendarmerie, établi par un commandant de corps ou de compagnie, en faveur d'un militaire qui a cessé d'appartenir à l'armée soit à titre provisoire, soit à titre définitif, doit porter les indications suivantes :

1° La position du militaire au moment où il a quitté le service ;

2° Les ressources pécuniaires dont il peut disposer pour subvenir aux frais de son équipement ;

3° Sa position civile (célibataire, marié, veuf, et, dans ces deux derniers cas, le nombre de ses enfants, s'il en a);

4° Le détail de ses services antérieurs.

On joint toujours au mémoire de proposition dont le postulant est l'objet :

Une demande écrite de sa main en présence du commandant du corps ou de la compagnie ;

Son acte de naissance dûment légalisé ;

Son congé définitif avec un certificat de bonne conduite, ou, à défaut, le congé provisoire qui l'autorise à rentrer dans ses foyers ;

Un certificat de bonnes vie et mœurs délivré par l'autorité locale, s'il est rentré dans ses foyers depuis plus de six mois ;

Un relevé des punitions subies par lui à son dernier corps ;

Un certificat de métrage délivré par le commandant du

corps ou de la compagnie, et un certificat de visite ré-
digé par l'officier de santé en chef de l'hôpital du chef-
lieu, indiquant que cette visite a eu lieu en présence du
commandant.

Ce mémoire, établi en double expédition, sous la res-
ponsabilité du corps ou de la compagnie, est visé par le
sous-intendant militaire. (*Art.* 22 *du décret du* 1er *mars*
1854.)

Aussitôt après l'arrivée des militaires venant de l'armée
par décision ministérielle, et à la suite des propositions
de l'inspection générale, les commandants de corps ou de
compagnie adressent hiérarchiquement des mémoires de
proposition fictifs et sans pièces. (*Art.* 23 *du décret du*
1er *mars* 1854.)

N° 2.

DEMANDE pour obtenir l'autorisation de contracter un engagement ou un rengagement.

—

A son Excellence
Monsieur le Ministre de la guerre.

Monsieur le Ministre,

Ayant terminé le.... 18.... le temps de service exigé par la loi (*ou* me trouvant sur le point de terminer le.... 18.... le temps de service exigé par la loi), je viens vous prier de vouloir bien m'autoriser à contracter un engagement (*ou* un rengagement de.... années), conformément aux dispositions de la loi du 26 avril 1855.

Je suis avec respect,

Monsieur le Ministre,

Votre très-humble et très-obéissant serviteur,

(Ici la signature.)

(Indiquer les prénoms, grade, décorations du demandeur, ainsi que la brigade dont il fait partie.)

A.... le.... 18....

———

NOTA. Cette demande doit être adressée par la voie hiérarchique.

Les militaires qui ne sont plus liés au service depuis moins d'un an contractent un engagement.

Ceux qui sont encore liés au service, mais qui sont libérables dans le délai d'un an, peuvent être admis à contracter un rengagement.

L'engagement et le rengagement donnent droit, aux termes de la loi du 26 avril 1855 et du règlement du 9 janvier 1856, savoir :

Les rengagements de sept années :

1° A une somme de 1,000 fr., dont 100 fr. payables au moment du rengagement ou de l'incorporation; 200 fr., soit à la même époque, soit pendant le cours du service, sur l'avis du conseil d'administration du corps, et 700 fr. à la libération définitive du service;

2° A la haute paie de rengagement de dix centimes par jour.

Tout rengagement contracté pour moins de sept années donne droit jusqu'à quatorze années de service :

1° A une somme de 100 fr. par chaque année payable à la libération définitive;

2° A la haute paie de rengagement de dix centimes par jour.

Après quatorze années de service, le rengagé n'aura droit qu'à une haute paie journalière de rengagement de vingt centimes.

Les engagements volontaires, après libération, donnent droit aux mêmes avantages.

Sur la proposition de la commission supérieure de la dotation de l'armée, un arrêté du ministre de la guerre peut augmenter les allocations ci-dessus autres que la haute paie. (*Loi du 26 avril 1855.*)

Les rengagements sont contractés sous les conditions et dans les formes voulues par la loi du 21 mars 1832 sur le recrutement de l'armée, par l'ordonnance du 28 avril 1832 et par celle du 15 janvier 1837, sauf les modifications prescrites par la loi du 26 avril 1855, et conformément aux dispositions ci-après.

Les militaires de l'armée active ou de la réserve, pour être admis à contracter un rengagement de trois à sept ans, doivent être dans le cours de la dernière année de leur service.

Toutefois, les militaires qui, après les sept années de leur service, sont retenus sous les drapeaux, en vertu de l'art. 30 de la loi du 21 mars 1832, sont admis à contracter un rengagement dont les effets remontent au jour de l'expiration de leur service.

Les actes de rengagement des militaires dans la réserve sont contractés devant le sous-intendant militaire de leur département.

A cet effet, ces militaires doivent produire :

1° Un certificat d'aptitude délivré par l'officier de recrutement, et portant qu'ils réunissent les qualités requises pour faire un bon service ;

2° Un certificat de bonne conduite délivré par leur ancien corps ;

3° Un certificat de bonnes vie et mœurs du maire de leur commune, s'ils sont absents de leur corps depuis plus de trois mois.

Les militaires rengagés ou engagés appartenant à des corps qui se recrutent par la voie des appels, et admis à la retraite pour cause de blessures ou d'infirmités avant la quatorzième année de service, ont droit, sur les sommes allouées pour leur rengagement, à une part proportionnelle à la durée du service qu'ils ont accompli en vertu de ce rengagement.

Les hautes paies de rengagement et les hautes paies de chevrons sont touchées simultanément, mais d'une manière distincte, par les ayants droit, suivant le mode actuellement en usage.

Lorsque les militaires en activité sont admis, dans leur dernière année de service, à contracter un rengagement de sept ans, ils ont droit immédiatement à la prime de rengagement. Mais la haute paie ne leur est acquise qu'au jour où commence l'effet de ce rengagement.

Les militaires qui comptent plus de sept ans de service ne sont pas admissibles à jouir des avantages attribués au premier rengagement de sept ans.

Dans ce cas ils ont droit :

Pour chaque année de leur nouveau rengagement jusqu'à quatorze ans de service accomplis, à l'annuité et à la haute paie journalière de dix centimes.

L'absence illégale, l'envoi à titre de punition dans une compagnie de discipline, et la condamnation à une peine correctionnelle, entraînent la privation de la haute paie pendant la durée de l'absence ou de la peine.

Les engagements volontaires après libération sont contractés sous les conditions et dans les formes prescrites par la loi du 21 mars 1832, par l'ordonnance du 28 avril

12

1832 et par celle du 15 janvier 1837, sauf les modifications établies par la loi du 26 avril 1855, et conformément aux dispositions ci-après.

Si l'engagé volontaire est libéré du service depuis plus de trois mois, il doit, outre les justifications exigées par les lois et ordonnances ci-dessus, présenter au maire qui reçoit son engagement un certificat de bonnes vie et mœurs, et un bulletin délivré par le greffier du tribunal civil de l'arrondissement où est le lieu de sa naissance, indiquant les renseignements qui auraient été inscrits à son nom sur les casiers judiciaires. (*Règlement du 9 janvier 1856, titre IV.*)

N° 3.

DEMANDE de réception d'un cheval acheté directement.

—

A Monsieur

Le Commandant de la compagnie de gendarmerie de....

Mon Commandant,

Ayant trouvé à faire l'acquisition d'un cheval qui me convient sous tous les rapports et qui me paraît réunir les conditions réglementaires, je viens vous prier de vouloir bien m'autoriser à le présenter au conseil d'administration de la compagnie pour qu'il soit examiné et reçu conformément au règlement.

Recevez, mon Commandant, l'hommage de mon respect.

(Ici la signature.)

(Gendarme, brigadier ou *maréchal des logis.)*

(Indiquer les décorations qu'il possède et la brigade dont il fait partie.)

A.... le.... 18....

———

Les sous-officiers, brigadiers et gendarmes ont la faculté de pourvoir eux-mêmes à leur remonte; mais les chevaux qu'ils présentent sont reçus par les conseils d'administration, qui sont tenus de se faire assister, pour cette opération, par l'un des vétérinaires de la garnison, et, à défaut, par un vétérinaire civil.

Les sous-officiers, brigadiers et gendarmes débattent le

prix des chevaux qu'ils achètent directement ; néanmoins le conseil peut en refuser la réception si ce prix lui paraît exagéré.

Les vétérinaires militaires sont tenus de donner gratuitement leurs soins aux chevaux des officiers, sous-officiers, brigadiers et gendarmes en résidence dans la localité. (*Art. 743, 744 et 752 du règlement du 11 mai 1856.*)

N° 4.

DEMANDE pour obtenir un cheval d'un dépôt de
remonte.

—

A Monsieur

Le Commandant de la compagnie de gendarmerie
de....

Mon Commandant,

Désirant ne pas me remonter directement et renon-
çant à jouir du délai d'un mois qui m'est accordé à cet
effet, je viens vous prier de vouloir bien faire prendre
les dispositions nécessaires pour que je sois admis à
choisir une monture au dépôt de remonte affecté à la
compagnie.

Recevez, mon Commandant, l'hommage de mon
respect.

(Ici la signature.)

(Gendarme, brigadier ou maréchal des logis.)

*(Indiquer les décorations qu'il possède et la brigade
dont il fait partie.)*

A.., le.... 18....

———

Tout militaire admis dans la gendarmerie à cheval, et
tout sous-officier, brigadier ou gendarme démonté, est
tenu de se pourvoir à ses frais, dans le délai d'un mois,
d'un cheval d'origine française, de l'âge de quatre ans au
moins et de huit ans au plus, et de la taille de 1^{m}52^{mm}
à 1^{m}60^{mm}.

L'origine est constatée par un certificat délivré, en

double expédition, par le maire de la localité, sur la déclaration de deux propriétaires ou cultivateurs s'occupant de l'élève des chevaux, mais n'en faisant pas le commerce.

Les chevaux sont reçus par le conseil d'administration assisté d'un vétérinaire civil ou militaire; aussitôt après leur réception, ils sont signalés sur les contrôles de la compagnie et les fourrages leur sont fournis par les magasins des brigades.

Lorsqu'un sous-officier, brigadier ou gendarme n'a pas trouvé à se remonter dans le délai d'un mois, ou lorsqu'il a renoncé à jouir de ce delai, il est remonté d'office au dépôt affecté à la compagnie.

Un officier de gendarmerie de la résidence du dépôt, ou à défaut d'une résidence voisine, est spécialement désigné par le ministre pour procéder à la réception des chevaux destinés à la gendarmerie; ces derniers sont choisis, sous la direction du commandant de l'établissement, sur la totalité des chevaux disponibles réunissant les conditions indiquées ci-dessus.

Les sous-officiers, brigadiers et gendarmes exercent librement leur choix, d'après leur grade ou leur ancienneté; ils sont informés de la valeur des chevaux qui sont, d'ailleurs, livrés par le dépôt au prix d'acquisition.

Lorsque la résidence n'est pas éloignée de plus de 60 kilomètres de l'établissement de remonte, chaque sous-officier, brigadier ou gendarme emmène son cheval aussitôt après l'avoir reçu. Si la distance est de plus de 60 kilomètres, le commandant du dépôt, sur la demande qui lui en est faite, se charge de faire conduire le cheval à destination, en se conformant aux prescriptions du règlement du 20 mars 1837.

Au moment de leur arrivée au chef-lieu de la compagnie, les chevaux sont examinés et immatriculés par les soins du conseil d'administration de la compagnie.

Les chevaux sont autant que possible maintenus au service jusqu'au moment de leur remplacement. (*Art.* 600 *et suiv. du décret du* 1er *mars* 1854.)

N° 5.

DEMANDE de réintégration d'un cheval au dépôt
de remonte.

—

A Monsieur

Le Commandant de la compagnie de gendarmerie
de...

Mon commandant,

Le cheval qui m'a été livré le...... par le dépôt de
remonte de...., est atteint de (*indiquer le genre de
maladie*), qui le rend impropre au service de l'arme
ainsi que le constate le certificat ci-joint du médecin
vétérinaire préposé aux soins des chevaux de la brigade,

(*ou*)

La jument qui m'a été livrée le...., par le dépôt
de...., a été reconnue pleine, et le certificat ci-joint,
délivré par le médecin vétérinaire préposé aux soins
de la brigade, constate que l'état de gestation remonte
à une époque antérieure à la livraison.

Je viens, en conséquence, vous prier de vouloir
bien prescrire les mesures nécessaires pour que cette
monture soit réintégrée au dépôt de.....

Recevez, mon Commandant, l'hommage de mon respect.

(*Ici la signature.*)

(*Gendarme, brigadier* ou *maréchal des logis.*)

(*Indiquer les décorations qu'il possède et la brigade
dont il fait partie.*)

A...., le..., 18....

18

Les chevaux à réintégrer aux dépôts de remonte sont rachetés par ces établissements au prix de cession, à moins qu'ils n'aient subi, depuis leur livraison, quelque cause de dépréciation provenant du fait des sous-officiers, brigadiers et gendarmes. Les conseils d'administration des compagnies de gendarmerie devront, en conséquence, fournir à l'appui de toute demande de réintégration, un certificat constatant l'état du cheval pendant tout le temps qu'il est resté entre les mains de son cavalier.

Les chevaux remis en remplacement de ceux précités seront l'objet de cessions justifiées dans les formes ordinaires, et leur prix intégral sera immédiatement versé au trésor par les compagnies. (*Circulaire ministérielle du 9 août 1856.*)

Nº 6.

DEMANDE pour qu'un cheval atteint de maladie soit admis à un régime alimentaire exceptionnel.

—

A Monsieur

Le (*capitaine* ou *lieutenant*) commandant l'arrondissement de gendarmerie de....

Mon (*capitaine* ou *lieutenant*),

Mon cheval est atteint de (*indiquer le genre de maladie*), suivant l'avis ci-joint du vétérinaire de ma résidence. La ration réglementaire des fourrages secs ne peut actuellement lui convenir et doit faire obstacle à son retour à la santé.

J'ai l'honneur de vous prier de vouloir bien m'accorder l'autorisation de convertir la ration réglementaire en celle indiquée comme traitement de sa maladie (*emploi du son, du vert, de la paille hachée, diète etc., etc., enfin le régime prescrit*) jusqu'à ce que le régime nouveau ait produit son rétablissement.

Recevez, mon (*capitaine* ou *lieutenant*), l'hommage de mon respect.

(*Ici la signature.*)

(*Gendarme, brigadier* ou *maréchal des logis.*)

(*Indiquer les décorations qu'il possède et la brigade dont il fait partie.*)

A...., le.... 18.....

———

NOTÁ. Aux termes du règlement, la ration complète de fourrages secs est composée de 5 kilog. de foin, 5 kilog.

de paille et 3 kilog. 8 hectog. d'avoine. Cette ration, complète, réglementaire, doit être consommée journellement et entièrement par chaque cheval. (*Art.* 193 *du décret du 1ᵉʳ mars* 1854.)

Dans les cas assez rares où les chevaux ne pourront recevoir les fourrages en nature, soit parce que les officiers en tournée ne trouveront pas à prendre des rations dans les brigades, soit parce que les chevaux seront malades ou devront être mis au vert, la ration sera remplacée par une indemnité représentative fixée par les conseils d'administration, avec l'approbation des sous-intendants militaires, suivant les circonstances et le prix des denrées et dans la limite prescrite par l'art. 10 de l'instruction du 11 juillet 1853. (*Circulaire ministérielle du 3 juin* 1855.)

Les substitutions à opérer pour cause de maladie seront autorisées provisoirement, en cas d'extrême urgence, par le chef de brigade, qui rendra compte immédiatement au commandant d'arrondissement dont il demandera l'approbation en justifiant son initiative par un certificat de vétérinaire. Lorsque les circonstances le permettront, le chef de brigade attendra l'autorisation du commandant d'arrondissement, qui, dans l'un comme dans l'autre cas, fera son rapport au colonel par la voie hiérarchique.

Quant aux substitutions par mesure hygiénique, elles ne seront autorisées que par le chef de légion, sur la proposition du commandant de l'arrondissement. (*Circulaire ministérielle du 20 décembre* 1855.)

Proportion des substitutions.

En remplacement de foin :

Sainfoin, poids pour poids ;
Luzerne (première coupe et regain), poids pour poids ;
Avoine, moitié du poids ;
Paille, double du poids.

En remplacement de paille :

Foin, moitié du poids ;
Avoine, quart du poids.

En remplacement d'avoine :

Foin, double du poids ;
Paille, quatre fois le poids ;
Son, moitié en sus ;
Farine d'orge, 8/10es du poids.

40 kilóg. de fourrages verts à l'écurie, ou une journée de cheval à la prairie, représentent 12 kilog. de foin.

N° 7.

DEMANDE pour obtenir la réforme d'un cheval.

—

A Monsieur

Le Chef de la (*ici le n°*) légion de gendarmerie.

Mon Colonel,

J'ai l'honneur de vous exposer que mon cheval est atteint (*indiquer le genre de maladie*) qui le rend impropre au service de l'arme.

La nature et le caractère de sa maladie sont établis et attestés par le certificat ci-joint du médecin vétérinaire préposé aux soins des chevaux de la brigade (1).

J'ai l'honneur de vous prier, mon colonel, de vouloir bien prononcer la réforme de ce cheval, afin que je puisse le remplacer le plus tôt possible.

Daignez, mon Colonel, agréer l'hommage de mon profond respect.

(*Ici la signature.*)

(*Gendarme, brigadier* ou *maréchal des logis.*)

(*Indiquer les décorations qu'il possède et la brigade dont il fait partie.*)

A....., le.... 18....

——

NOTA. Cette demande doit parvenir au chef de légion par la voie hiérarchique, avec l'apostille des supérieurs sous les yeux desquels elle passe.

———

(1) La signature du vétérinaire doit être légalisée par le maire de la commune.

Le droit de réformer les chevaux de la gendarmerie qui ne sont pas susceptibles de faire un bon service appartient, en principe général, aux inspecteurs généraux. (*Instructions sur les revues.*)

Dans l'intervalle des inspections générales, aucun sous-officier, brigadier ou gendarme ne peut vendre ni échanger son cheval.

Cependant, si d'importantes considérations de service nécessitent la prompte réforme d'un cheval, le chef de légion, sur la demande du commandant d'arrondissement, et après l'avis du commandant de la compagnie, peut en autoriser l'échange ou la vente; mais à la prochaine revue, il en est rendu compte à l'inspecteur général, qui vérifie l'exactitude des motifs d'urgence, et, s'il y a abus, il en fait un rapport spécial au ministre de la guerre. (*Art.* 608 *du décret du* 1ᵉʳ *mars* 1854.)

Les chevaux réformés sont, autant que possible, maintenus au service jusqu'au moment de leur remplacement. (*Art.* 609 *du décret du* 1ᵉʳ *mars* 1854.)

La vente des chevaux réformés a lieu à la criée, au chef-lieu d'arrondissement, les jours de foire ou de marché, en présence du sous-intendant militaire, de l'officier de gendarmerie commandant l'arrondissement, et du sous-officier ou gendarme propriétaire du cheval.

N° 8.

DEMANDE d'indemnité pour perte de cheval.

—

A Monsieur

Le commandant de la compagnie de gendarmerie de....

Mon Commandant,

Mon cheval ayant été remplacé par suite de (*réforme, mort* ou *abattage*), ainsi que vous en avez été informé par le procès-verbal d'admission de ma nouvelle remonte, je viens vous prier de vouloir bien me faire accorder l'indemnité à laquelle j'ai droit aux termes de l'art. 211 du règlement du 11 mai 1856.

Recevez, mon Commandant, l'hommage de mon respect.

(Ici la signature.)

(Gendarme, brigadier ou *maréchal des logis.)*

(Indiquer les décorations qu'il possède et la brigade dont il fait partie.)

A...., le.... 18....

———

NOTA. Cette demande se transmet par la voie hiérarchique.

Les sous-officiers, brigadiers et gendarmes qui ont perdu leurs chevaux par maladie ou réforme, reçoivent une indemnité sur la masse d'entretien et de remonte du corps ou de la compagnie dont ils font partie.

Pour déterminer cette indemnité, on déduit, pour chaque année de service du cheval, un douzième du prix d'achat.

Le décompte de la dernière année se fait par trimestre,

et la déduction ne porte pas sur un trimestre commencé. Le sous-officier promu sous-lieutenant avant d'avoir été remonté conserve ses droits à l'indemnité.

Indépendamment de l'indemnité, il est alloué une prime qui ne peut être moindre de 60 fr. au sous-officier, brigadier ou gendarme qui a conservé son cheval pendant huit années révolues. Cette prime est augmentée de 20 fr. pour chaque année complète de service du cheval en sus de la huitième, sans que dans aucun cas cette augmentation puisse excéder 200 fr.

Le maximum de l'indemnité totale qui peut être accordée d'après ces bases est fixé à 700 fr.

Le prix de la vente du cheval, s'il s'agit d'un cheval réformé ou le produit de la vente de sa dépouille, s'il est mort ou abattu, est déduit du montant de l'indemnité, mais jamais de celui de la prime.

Tout sous-officier, brigadier ou gendarme dont le cheval est tué ou mis hors de service par suite de résistance armée ou par le fait d'accident survenu dans l'exécution du service, a droit à une indemnité égale au prix d'achat, si le cheval a été admis depuis moins de trois ans. Passé ce temps de service, l'indemnité est fixée au prix d'estimation du cheval à l'époque de la dernière inspection générale, sans que cette indemnité puisse dépasser 700 fr.

Dans l'un et l'autre cas, l'indemnité subit une réduction égale au produit de la vente de la dépouille du cheval perdu, et demeure acquise lors même que le militaire quitte l'arme autrement que par désertion. Elle est payée à ses héritiers, s'il a été tué, sauf le cas de débet.

La femme ou les orphelins d'un sous-officier, brigadier ou gendarme décédé en activité de service reçoivent, sur la masse d'entretien et de remonte, l'indemnité à laquelle ce militaire aurait eu droit.

La durée des services du sous-officier, brigadier ou gendarme décédé, ainsi que la situation de son compte après la vente du cheval ou de sa dépouille et des effets, sont prises en considération pour la fixation de l'indemnité qui ne peut excéder l'allocation à laquelle aurait pu prétendre le militaire.

N° 9.

DEMANDE d'une indemnité pour perte ou détérioration
d'effets.

—

A Monsieur

Le Commandant de la compagnie de gendarmerie
de....

Mon Commandant,

Il y a quatre jours que, dans l'exécution de mon
service, plusieurs de mes effets ont été détériorés par
une circonstance indépendante de ma volonté. Vous
en avez eu connaissance par un procès-verbal qui vous
a été adressé et dont copie est ci-jointe.

La perte de ces effets ou leur réparation ne saurait
être mise à ma charge. J'ai l'honneur de vous prier
de vouloir bien en prévenir le conseil d'administration,
pour qu'il demande en ma faveur une indemnité suffisante pour remplacer ou faire réparer les effets.

Recevez, mon Commandant, l'hommage de mon
respect.

(Ici la signature.)

(Gendarme, brigadier ou *maréchal des logis.)*

*(Indiquer les décorations qu'il possède et la brigade
dont il fait partie.)*

A...., le... 18.....

———

NOTA. Cette demande se transmet par ordre hiérarchique.

La perte ou la détérioration des effets qui entrent dans
la tenue peut donner lieu à une proposition d'indemnité

sur la masse d'entretien et de remonte, si elle a lieu dans l'exécution du service et par une circonstance indépendante de la volonté des sous-officiers, brigadiers et gendarmes.

L'événement qui a occasionné la perte ou *la détérioration* est constaté, dans le délai de *cinq jours*, par le sous-intendant militaire, ou, à son défaut, par le sous-préfet ou le maire.

L'indemnité est réglée d'après le prix d'achat des effets ; elle diminue en proportion de leur durée de service.

L'état de proposition est transmis au ministre dans le délai de *quinze jours*, à dater du jour de la perte. Le sous-intendant, en y apposant son visa daté, émet son avis sur la quotité de l'indemnité demandée. (*Art.* 220 à 223 *du règlement du* 11 *mai* 1856.)

Tout accident grave et de nature à altérer la santé ou à compromettre l'activité d'un officier, sous-officier, brigadier ou gendarme, survenu dans un service commandé, doit être constaté *immédiatement* par un procès-verbal régulier, appuyé de certificats d'officiers de santé indiquant la nature et l'origine de l'accident.

Une expédition de ce procès verbal est adressée au ministre de la guerre.

L'autre expédition reste dans les archives du corps ou de la compagnie, pour servir en cas de besoin. (*Art.* 40 *du décret du* 1er *mars* 1854.)

N° 10.

DEMANDE pour obtenir une rectification ou faire réparer une omission dans l'établissement des services sur le registre matricule de la compagnie.

—

A Monsieur

Le Commandant de la compagnie de gendarmerie de.....

Mon Commandant,

Permettez-moi d'appeler votre attention sur des erreurs commises (*ou sur des omissions*) qui me sont préjudiciables, et qui figurent sans doute sur le registre matricule de la compagnie.

(*Signaler ici les erreurs* ou *omissions.*)

Je vous prie de vouloir bien faire opérer les rectifications que je prends la liberté de vous signaler.

Agréez, mon Commandant, l'hommage de mon profond respect.

(*Ici la signature.*)

(*Gendarme, brigadier* ou *maréchal des logis*).

(*Indiquer les décorations qu'il possède et la brigade dont il fait partie.*)

A....., le..... 18....

———

NOTA. Le registre matricule est destiné à recevoir l'inscription détaillée :

Des renseignements qui établissent l'état civil des militaires de tous grades qui font partie du corps ou de la compagnie ;

Leur signalement ;

Le titre sous lequel ils sont incorporés ;

La mention successive de leurs services ;

Le motif et la date de leur radiation des contrôles, ainsi que le lieu sur lequel se dirigent ceux qui rentrent dans leurs foyers ;

La date de leur prestation de serment ;

La date des permissions de mariage qui leur sont accordées ;

La date de la célébration du mariage.

Il est fait mention, pour les gendarmes, brigadiers et sous-officiers congédiés, s'ils ont reçu des certificats de bonne conduite, n° 1 ou 2.

La série des numéros est distincte pour le registre des officiers et pour celui de la troupe ; elle est continuée indéfiniment jusqu'à ce que le ministre ordonne qu'elle soit renouvelée.

Les chefs de légion sont immatriculés sur le registre de la compagnie du chef-lieu de leur légion. (*Règlement du* 11 *mai* 1856.)

Il est nécessaire que la lecture de ce registre permette d'apprécier la distinction des services, afin qu'en cas de besoin les militaires de la gendarmerie puissent établir positivement les circonstances honorables qui ont marqué leur passage sous les drapeaux.

Les réclamations pour omission de services antérieurs doivent, autant que faire se peut, être appuyées de pièces justificatives telles qu'états de service, livrets, feuilles de route et autres documents émanant des anciens corps où l'on a servi.

Les erreurs ou omissions relatives à l'état civil sont établies par la production d'actes de naissance, de mariage, de décès des père et mère, ou, à défaut d'actes authentiques, il peut y être suppléé par des actes de notoriété.

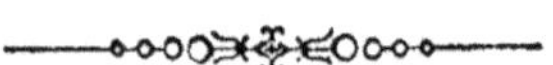

N° 11.

DEMANDE de rectification d'erreurs commises dans un décompte de solde ou de masse individuelle.

—

A Monsieur

Le Commandant de la compagnie de gendarmerie de.....

Mon Commandant,

L'examen auquel je me suis livré du compte de ma solde (*ou de ma masse individuelle*), en date du......, m'a donné lieu de penser qu'une erreur s'y est glissée.

En effet.... (*faire connaître ici l'erreur*).

Je vous prie, mon Commandant, de vouloir bien réclamer en ma faveur le montant de cette différence, *ou bien signaler cette erreur* au conseil d'administration du régiment dont je faisais alors partie (*ou de la compagnie de gendarmerie de...*), afin qu'elle soit rectifiée.

Je joins ici copie entière du dernier arrêté de compte porté sur mon livret.

Recevez, mon Commandant, l'hommage de mon respect.

(*Ici la signature.*)

(*Gendarme, brigadier* ou *maréchal des logis.*)

(*Indiquer les décorations qu'il possède et la brigade dont il fait partie.*)

A....., le.... 18....

———

NOTA. Il est convenable qu'avant de former cette demande, le réclamant consulte le trésorier de sa compagnie

pour s'assurer s'il n'est pas possible de rectifier d'office
l'erreur. L'on ne saisit le conseil d'administration que si
le trésorier pense qu'il y a lieu de le faire.

Avant de joindre la copie littérale du dernier arrêté de
compte sur le livret, il y a lieu de la faire viser et certi-
fier conforme par le commandant de la brigade ou par le
commandant de l'arrondissement.

N° 12.

Demande de haute-paie pour chevrons.

—

A Monsieur
Le Commandant de la compagnie de gendarmerie
de...,

Mon Commandant,

Aux termes de l'art. 125 du règlement du 11 mai
1856, les militaires de la gendarmerie ont droit à la
haute-paie après sept années révolues de service.

Dans ces circonstances, je crois être en droit de réclamer cette haute paie, acquise par... années passées
sous les drapeaux, ce que je constate par mes états de
service ci-joints.

Je vous prie, mon Commandant, de vouloir bien me
rendre l'objet d'une proposition d'admission à la haute-
paie pour mes chevrons.

Recevez, mon Commandant, l'hommage de mon
respect.

(Ici la signature.)

(Gendarme, brigadier ou maréchal des logis.)

*(Indiquer les décorations qu'il peut avoir et la bri-
gade dont il fait partie.)*

A.... le.... 18....

Pièces à l'appui de la demande :

1° Les états de service du réclamant ;
2° La

———

Nota. Si le militaire réclamant le bénéfice de la haute-
paie n'a pas en sa possession les pièces qui justifient le

droit qu'il invoque, il y·a lieu, de sa part, de prier le conseil d'administration de sa compagnie de vouloir bien la réclamer pour lui auprès de qui de droit.

Le conseil d'administration, qui est le conseil de famille de la compagnie, regardera comme un devoir de prendre les renseignements et de faire les réclamations nécessaires.

TARIF PAR JOUR *Pour la haute-paie de la troupe de gendarmerie à cheval et à pied.*	CHEVRONS.		
	1er après 7 ans révolus de service.	2e après 11 a. révolus de service.	3e après 15 a. révolus de service.
	fr. c.	fr. c.	fr. c.
Adjudant-sous-officier..	0 15	0 20	0 25
Maréchal des logis.....	0 15	0 20	0 25
Brigadier.............	0 12	0 15	0 20
Gendarme.............	0 12	0 15	0 20

Le temps de service compte :

1º Pour les enfants de troupe, du jour où ils ont accompli leur dix-huitième année;

2º Pour les engagés volontaires, à partir du jour où ils ont contracté leur engagement;

3º Pour les appelés ou substituants, à partir du 1er janvier de l'année de leur inscription sur les registres matricules du recrutement;

4º Pour les remplaçants, à compter de la date de l'acte de remplacement, lorsqu'ils se sont ensuite liés au service par un engagement volontaire ou par un rengagement

Le temps passé en congé illimité compte pour la haute-paie.

Les gendarmes vétérans ont droit à la haute-paie attribuée à chaque chevron; mais, de même que dans la gendarmerie, ils n'en portent pas les insignes. (*Décret du 30 mars 1853. — V. au Mémorial, 4e vol., p. 553 et 554.*)

N° 13.

DEMANDE d'autorisation de contracter mariage.

—

A Monsieur

Le Commandant de la compagnie de gendarmerie
de....

Mon Commandant,

J'ai l'honneur de vous exposer que je me propose
de contracter mariage avec mademoiselle (*indiquer
ici son nom, prénom, son âge, sa profession, sa demeure et les noms de son père, de sa mère et leur demeure*).

La moralité de la demoiselle et de sa famille est à
l'abri de tout reproche.

Son apport en mariage consiste (*ou consistera*) (*désigner ici ce qu'elle a de fortune à venir et faire connaître si sa position actuelle lui offre des moyens de
subsistance plus que suffisants pour ne pas rendre nécessaires ceux du futur.*)

Ce mariage améliorerait notablement ma position
actuelle et m'assurerait un avenir convenable.

Je viens vous prier, mon Commandant, d'avoir la
bonté d'obtenir l'autorisation du conseil d'administration, et de la transmettre à Monsieur le Chef de la
légion, afin qu'il approuve cette union.

Je joins à l'appui de ma demande les pièces qui peuvent déterminer le Conseil d'administration à l'accueillir.

Recevez, mon Commandant, l'hommage de mon
profond respect.

(*Ici la signature.*)

(*Gendarme, brigadier* ou *maréchal des logis.*)

(Indiquer les décorations qu'il possède et la brigade dont il fait partie.)

A.... le.... 18....

Pièces jointes à l'appui de la demande :

1° L'acte de naissance dûment légalisé du demandeur ;

2° L'acte de naissance de la future ;

3° Le consentement des pères et mères des deux futurs ;

4° Un certificat constatant les bonnes vies et mœurs de la future et de ses parents ;

5° Les pièces authentiques faisant connaître quelle dot la future apporte en mariage.

———

Nota. Les sous-officiers, brigadiers et gendarmes ne peuvent se marier sans en avoir obtenu la permission du conseil d'administration de la compagnie à laquelle ils appartiennent, *approuvée* par le chef de légion. Indépendamment des garanties de moralité exigées en pareil cas, le conseil d'administration doit s'assurer que la future possède des ressources suffisantes pour ne pas être à la charge du militaire qui désire l'épouser.

Dans le cas où le conseil d'administration croit devoir refuser son consentement, il est tenu de faire connaître les motifs de son refus au chef de légion ou de corps, qui en réfère au ministre.

Si le chef de légion ou de corps refuse son approbation, il est tenu d'en rendre compte au ministre. (*Art.* 539 *du décret du* 1er *mars* 1854.)

Il faut que le demandeur soit monté convenablement, pourvu de tous les effets d'habillement, d'équipement et de harnachement en bon état, qu'il n'ait aucune dette, que sa masse soit complète, pour que le commandant de compagnie puisse soumettre la permission demandée au conseil d'administration et à l'approbation du chef de légion.

La permission obtenue n'est valable que *pour un an*, et doit être représentée à l'officier de l'état civil dans la huitaine avant la célébration du mariage. Le militaire fait ensuite parvenir au commandant de sa compagnie un extrait de l'acte qui constate son mariage, afin qu'il soit mentionné sur le registre matricule de la compagnie.

La signature de l'officier de l'état civil doit être légalisée par le président du tribunal civil.

En cas de mariage sans autorisation, les militaires non tenus au service seraient congédiés. Ceux qui y sont tenus seraient renvoyés à leur ancien régiment, et l'officier civil qui aurait contracté le mariage s'exposerait à être destitué de ses fonctions, sans préjudice des amendes et peines indiquées à l'art. 50 du Code civil.

(*Voir au* Mémorial *l'art.* 539 *du décret du* 1er *mars* 1854 *et la circulaire du ministre de la guerre du* 18 *février* 1853.)

Nᵒ 14.

Dᴇᴍᴀɴᴅᴇ pour être autorisé à recevoir et à loger un parent dans son ménage à la caserne.

—

A Monsieur

Le Commandant de la compagnie de gendarmerie de....

Mon Commandant,

J'ai l'honneur de vous prier de vouloir bien m'autoriser à recevoir dans mon ménage, à la caserne (*indiquer ici les noms, prénoms et l'âge des pères, mères ou sœurs qui peuvent seuls être admis exceptionnellement dans les casernes avec l'autorisation du chef de légion.*)

C'est une obligation que je puis accepter sans crainte de contracter des dettes, et que je remplirai avec affection.

J'ai l'espoir que mes chefs ne s'opposeront pas à ce que j'accomplisse ce devoir de famille, et j'aviserai à ce que sa (*ou* leur) présence ne gêne en rien les autres personnes de la brigade.

Recevez, mon Commandant, l'hommage de mon respect.

(Ici la signature.)

(Gendarme, brigadier ou *maréchal des logis.)*

(Indiquer les décorations qu'il possède et la brigade dont il fait partie.)

A.... le.... 18...

Pièce à joindre à l'appui de la demande.

Un certificat du maire de la commune, légalisé par le sous-préfet, constatant que la personne dont

on demande l'introduction dans la caserne est d'une
bonne conduite et d'une moralité irréprochable.

NOTA. Les femmes et les enfants des sous-officiers, brigadiers et gendarmes peuvent habiter les casernes : ils
doivent y tenir une conduite régulière, sous peine d'en
être renvoyés, d'après les ordres du chef de la légion.

Un père infirme, une mère ou une sœur peuvent y être
admis exceptionnellement, avec l'autorisation du chef de
la légion. (*Art.* 541 *du décret du* 1er *mars* 1854.)

Aucun sous-officier, brigadier ou gendarme ne peut
faire commerce ni exercer aucun métier ou profession.
Les femmes ne peuvent également, dans la résidence de
leur mari, tenir cabaret, billard, café ou tabagie, ni faire
aucun commerce apparent dans l'intérieur de la caserne.
(*Art.* 542 *du décret du* 1er *mars* 1854.)

Nº 15.

DEMANDE pour passer sans permutation d'une brigade dans une autre de la même compagnie ou de la même légion.

—

A Son Excellence
Monsieur le Ministre de la guerre.

Monsieur le Ministre,

L'éloignement où je suis de ma famille et de mes intérêts pécuniaires me fait vivement désirer de passer de la brigade de...., où je réside actuellement, à celle de.... (ou *Compagnie de...., qui fait partie de la même légion*) qui fait partie de la même compagnie, et où en ce moment une place se trouve vacante.

J'ai l'honneur de prier votre excellence de vouloir bien accueillir ma demande, en autorisant ce changement de résidence qui fait l'objet de mes désirs.

Daignez, Monsieur le Ministre, agréer l'hommage de mon profond respect.

(Ici la signature.)

(*Gendarme, brigadier* ou *maréchal des logis.*)

(*Indiquer ses prénoms, les décorations qu'il possède et la brigade dont il fait partie.*)

A..., le.... 18...

———

NOTA. Cette demande doit parvenir, *hiérarchiquement*, jusqu'au ministre de la guerre. Chaque grade sous lequel elle passe doit y consigner son avis jusqu'au chef de légion, qui alors fait connaître s'il donne son assentiment au changement désiré.

Aucun changement de corps ou de résidence, soit pour l'avantage personnel des officiers, sous-officiers, brigadiers et gendarmes, soit dans l'intérêt du service, ne peut être ordonné que par le ministre. (*Art.* 24 *du décret du* 1er *mars* 1854.)

Les changements dé corps ou de résidence sont proposés, soit dans l'intérêt du service, soit par mesure de discipline, soit sur la demande des officiers, sous-officiers, brigadiers et gendarmes, *à l'époque des inspections générales.*

Dans le cours de leur inspection, les inspecteurs généraux peuvent *ordonner d'urgence* les changements de résidence des *sous-officiers, brigadiers et gendarmes* dans *la circonscription de la même légion.* Il en est rendu compte au ministre.

Si, dans l'intervalle d'une revue à l'autre, des raisons de service ou de discipline exigent que des sous-officiers, brigadiers ou gendarmes soient changés de résidence dans l'*étendue de la même légion,* le *colonel* peut proposer cette mesure au ministre. Dans le cas de nécessité impérieuse, il est autorisé à l'ordonner d'urgence, sauf à en rendre compte immédiatement. (*Art.* 25 *du décret du* 1er *mars* 1854.)

Les sous-officiers, brigadiers et gendarmes débiteurs ne peuvent, pour *convenance personnelle*, obtenir leur changement de légion, ni même de compagnie dans la légion, avant d'avoir acquitté les sommes qu'ils redoivent aux caisses. Ils doivent être, en outre, convenablement montés, habillés et équipés. (*Art.* 26 *du décret du* 1er *mars* 1854.)

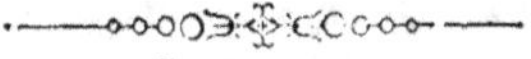

Nº 16.

DEMANDE pour obtenir l'assentiment du chef de la légion dans laquelle on désire passer.

—

A Monsieur

Le Chef de la (*nº de la légion*) légion de gendarmerie.

Mon Colonel,

Des intérêts de famille (*ou de santé*) me font vivement désirer d'entrer dans la légion de gendarmerie que vous commandez.

J'aime à penser que, dans la légion où je sers actuellement, je me suis concilié, par mon exactitude à remplir mes devoirs, l'estime de mes supérieurs, et mes habitudes de bonne conduite et de moralité m'autorisent à vous assurer que, sous vos ordres aussi, je ferai preuve de zèle dans l'exercice de mes fonctions, et que je m'efforcerai de me rendre digne de la faveur que je sollicite de votre bienveillance.

Je vous prie de vouloir bien m'accorder votre adhésion par écrit, et l'adresser à mon colonel pour qu'il puisse, réunissant son adhésion à la vôtre, transmettre ma demande à **M.** le ministre de la guerre.

Veuillez agréer, mon Colonel, l'hommage de mes sentiments respectueux.

(*Ici la signature.*)

(*Gendarme.*)

(*Indiquer ses prénoms, les décorations qu'il possède et la brigade dont il fait partie.*)

A ..., le.... 18...

—

NOTA. Ces changements de corps ou de légion sont autorisés pour les gendarmes, sur l'adhésion écrite et réciproque des deux chefs de corps ou de légion. Cette adhésion n'est valable que dans l'*intervalle d'une inspection à l'autre*. Quant aux sous-officiers et brigadiers, les changements n'ont lieu qu'aux mêmes conditions et *par permutation à grade égal*.

Cette restriction n'est pas applicable aux sous-officiers et brigadiers employés en Afrique et aux colonies. Ils peuvent être rappelés en France, sans permutation, après un séjour de six années consécutives et après deux ans d'activité dans leur grade, s'ils prouvent, d'ailleurs, qu'ils possèdent les ressources nécessaires pour faire face aux dépenses de leur équipement. Ceux que des raisons de santé, suffisamment justifiées, mettent dans l'impossibilité de continuer de servir en Afrique et aux colonies, sont rappelés dans l'intérieur, en dehors des conditions précitées.

Les sous-officiers, brigadiers et gendarmes débiteurs ne peuvent, pour convenance personnelle, obtenir leur changement de légion et même de compagnie dans la légion, avant d'avoir acquitté les sommes qu'ils redoivent aux caisses. Ils doivent être, en outre, convenablement montés, habillés et équipés. (*Art.* 26 *du décret du* 1er *mars* 1854.)

N° 17.

DEMANDE de changement de légion sans permutation.

A Son Excellence
Monsieur le Ministre de la guerre.

Monsieur le Ministre,

Des intérêts de famille (*ou de santé*) me font vivement désirer de passer dans la.... légion de gendarmerie (*ou dans la compagnie de... faisant partie de la... légion*).

M. le Chef de cette légion ayant bien voulu donner son adhésion à ce passage, je vous prie de vouloir bien l'autoriser.

Veuillez agréer, Monsieur le Ministre, l'hommage de mon profond respect.

(*Ici la signature.*)

(*Gendarme.*)

(*Indiquer ses prénoms, les décorations qu'il possède et la brigade dont il fait partie.*)

A..., le... 18....

N° 18.

Demande pour obtenir l'assentiment du chef de la légion dans laquelle on désire passer par permutation.

—

A Monsieur

Le Chef de la légion (n° *de la légion*) de gendarmerie.

Mon colonel,

Des intérêts de famille (*ou de santé*) me faisant vivement désirer d'entrer dans la légion que vous commandez, je viens vous prier de vouloir bien donner votre adhésion à ma permutation avec le (*brigadier ou maréchal des logis*) commandant la brigade de.... compagnie de..., qui viendra me remplacer avec plaisir à ma résidence actuelle.

J'aime à penser que je me suis concilié, par mon exactitude à remplir mes devoirs, l'estime de mes supérieurs, et j'ose vous assurer que, par ma manière de servir, je saurai me rendre digne de la faveur que je sollicite de votre bienveillance.

Recevez, mon Colonel, l'assurance de mon profond respect.

(Ici la signature.)

(Brigadier ou maréchal des logis.)

(Indiquer les prénoms, les décorations qu'il possède et la brigade qu'il commande.)

A .., le ... 18....

(Voir le nota à la suite du n° 16.)

—o◦o◯>◌<◯o◦o—

N° 19.

DEMANDE de changement de légion par permutation.

—

A son Excellence
Monsieur le Ministre de la guerre.

Monsieur le Ministre,

Des intérêts de famille (*ou de santé*) me faisant vivement désirer d'entrer dans la.... légion de gendarmerie, je viens vous prier de vouloir bien autoriser ma permutation avec le (*indiquer le grade*) à... commandant la brigade de...., compagnie de...., qui la sollicite de son côté.

Monsieur le chef de la.... légion ayant bien voulu donner son adhésion à ce mouvement, j'espère, Monsieur le Ministre, que vous daignerez accueillir favorablement la demande que j'ai l'honneur de vous adresser.

Veuillez agréer, Monsieur le Ministre, l'assurance de mon profond respect.

(*Ici la signature.*)

(*Indiquer les prénoms, le grade, les décorations et la brigade.*)

A .., le.... 18....

———

NOTA. Cette demande est présentée par chacun des permutants, après qu'il a reçu l'assentiment des deux colonels, et elle est transmise au ministre de la guerre par le plus ancien de grade de ces deux officiers supérieurs qui y joint les adhésions.

Nº 20.

Demande pour passer de l'infanterie dans la cavalerie, ou de la cavalerie dans l'infanterie.

—

A son Excellence
Monsieur le Ministre de la guerre.

Monsieur le Ministre,

Admis dans la gendarmerie à pied (*ou* dans la gendarmerie à cheval) par décision ministérielle du..., j'ai l'honneur de vous exposer que mon aptitude, mes goûts, mes habitudes anciennes me portent à désirer d'être réadmis dans la cavalerie (*ou* dans l'infanterie).

En conséquence, j'ai l'honneur de prier Votre Excellence d'avoir la bonté d'accueillir la demande que je forme et d'autoriser mon passage dans l'arme à cheval (*ou* à pied).

(Ici la signature.)

(Gendarme, brigadier ou *maréchal des logis,)*

(Indiquer ses prénoms, les décorations qu'il porte et la brigade dont il fait partie.)

A...., le.... 18....

———

Les militaires admis dans la gendarmerie comme gendarmes ou brigadiers à pied, et qui ont reçu la première mise d'équipement de l'arme à pied, ont droit au supplément d'allocation de 150 francs, si, dans le délai de deux ans, ils passent dans l'arme à cheval en la même qualité. (*Art.* 280 *du règlement du* 11 *mai* 1856.)

Nº 21.

DEMANDE pour rentrer dans un régiment.

—

A Monsieur le colonel commandant le régiment de...

Mon Colonel,

J'ai quitté le régiment que vous commandez, pour entrer dans la gendarmerie.

Mes espérances n'ont point été réalisées, et je désire continuer mon service dans mon ancien régiment.

Vous eûtes pour moi, mon Colonel, des bontés qui attestent que ma conduite et mon aptitude dans l'accomplissement de mes devoirs m'avaient acquis votre bienveillance. Je n'ai point démérité depuis cette époque, mes nouveaux chefs peuvent vous en convaincre.

J'ai l'espoir que vous daignerez accueillir mes vœux et consentir à ma réincorporation dans le régiment que vous commandez, avec le grade de (*désigner le grade*), que j'y avais obtenu et dont j'étais en possession lors de mon passage dans la gendarmerie.

Daignez m'accorder par écrit votre adhésion, pour que M. le Ministre de la guerre puisse faire droit à ma demande.

J'ai l'honneur, mon Colonel, de vous offrir le nouvel hommage de mon respect.

(*Ici la signature.*)

(*Gendarme, brigadier* ou *maréchal des logis.*)

(*Indiquer ses prénoms, les décorations qu'il possède et la brigade dont il fait partie.*)

A..., le... 18...

———

NOTA. Les militaires qui, étant encore liés au service, ne réunissent pas les conditions d'aptitude pour le service de la gendarmerie, peuvent être réintégrés dans les armes d'où ils proviennent, mais ces changements de corps n'ont lieu qu'à l'époque des inspections. Les demandes de réintégration dans la ligne, faites pour *convenance personnelle*, ne sont admissibles qu'autant que les militaires qui les ont formées peuvent s'acquitter envers les caisses de la gendarmerie et produisent le consentement écrit du chef du corps dans lequel ils désirent passer.

Quant aux militaires de la gendarmerie qui ont été précédemment pourvus d'emplois de sous-officiers dans la ligne, les adhésions des chefs de corps doivent faire connaître s'ils peuvent être reçus dans les régiments en leur ancienne qualité. (*Art.* 38 *du décret du* 1er *mars* 1854.)

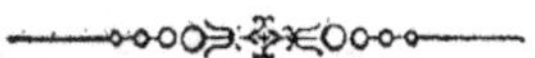

Nº 22.

DEMANDE pour obtenir une permission d'absence.

—

Mon Colonel,

J'ai l'honneur de vous prier de vouloir bien m'accorder une permission de.... (*les chefs de légion peuvent accorder huit jours*), pour me rendre à...., où des affaires d'intérêt m'appellent.

Pour justifier la faveur que je sollicite, je joins à ma demande les pièces ci-après désignées.

Daignez agréer, mon Colonel, l'hommage de mon profond respect.

(Ici la signature.)

(Gendarme, brigadier ou maréchal des logis.)

(Désigner les décorations qu'il possède et la brigade dont il fait partie.)

A..., le.... 18...

Pièces jointes à l'appui de la demande :

1°...
2° etc...

———

NOTA. Le ministre de la guerre seul, sur la proposition des chefs de légion, accorde, s'il le juge convenable, des congés temporaires avec solde d'absence, aux officiers, sous-officiers, brigadiers et gendarmes, pour leurs affaires personnelles. La durée des congés ne peut excéder trois mois.

Les inspecteurs généraux en fonctions peuvent accorder aux militaires de tous grades des congés ou permissions dont la durée n'excédera pas quinze jours; ils en rendent compte immédiatement au ministre.

Si, dans l'intervalle des inspections générales, des affaires urgentes exigent que les officiers, sous-officiers, brigadiers et gendarmes s'absentent pour *huit jours au plus*, les chefs de légion sont autorisés à accorder les permissions nécessaires, à la charge d'en rendre compte par un bulletin individuel adressé au ministre. (*Art.* 28 *du décret du* 1er *mars* 1854.)

La durée des permissions et congés comprend le temps de l'aller et du retour.

Hors le cas d'entrée à l'hôpital ou de mission, les sous-officiers, brigadiers et gendarmes ne peuvent, sous aucun prétexte, s'absenter des arrondissements où ils exercent leurs fonctions qu'en vertu de permissions ou congés.

Les permissions qui n'excèdent pas huit jours donnent toujours droit *à la solde de présence.*

Les militaires des compagnies départementales qui obtiennent les permissions ne peuvent en faire usage pour se rendre dans les départements de la Seine et de Seine-et-Oise.

Les généraux commandant les divisions et subdivisions territoriales de l'intérieur ne sont point autorisés à délivrer des permissions ou congés aux militaires de la gendarmerie.

Les permissions de huit jours ne peuvent être prolongées que par le ministre.

Pour obvier aux retards qui résulteraient inévitablement dans la majeure partie des circonstances de la transmission aux colonels de la demande d'une permission qui souvent n'est profitable que parce qu'elle est obtenue à l'instant même, les chefs de légion, en se basant sur l'ordonnance du 2 novembre 1833, sauf les modifications à apporter à la spécialité du service de la gendarmerie, autorisent les officiers et les sous-officiers sous leurs ordres à délivrer des permissions dans les limites suivantes, dont il leur est rendu compte immédiatement :

Par un commandant de compagnie.

Une permission de quatre jours aux officiers, aux commandants de brigade et aux gendarmes qui ne sortent pas du département.

Par un commandant de lieutenance.

Une permission de deux jours aux commandants de brigade et aux gendarmes qui ne sortent pas de la circonscription de la lieutenance.

Par un commandant de brigade.

Une permission de vingt-quatre heures aux gendarmes qui ne sortent pas des limites de la circonscription de la brigade.

N° 23.

DEMANDE pour obtenir un congé pour affaires personnelles.

—

A Son Excellence
Monsieur le Ministre de la guerre.

Monsieur le Ministre,

J'ai l'honneur de prier votre Excellence de vouloir bien m'accorder un congé de quinze jours (*ou plus, jusqu'à trois mois*), pour me rendre à.... où des affaires d'intérêt m'appellent.

Afin de justifier la faveur que je sollicite, je joins à ma demande les pièces ci-après désignées.

J'ai l'honneur de prier votre Excellence d'agréer l'hommage de mon profond respect.

(Ici la signature.)

(Indiquer au bas ses prénoms, le grade du demandeur, les décorations qu'il possède et la brigade dont il fait partie.)

A .., le.... 18....

Pièces jointes à l'appui de la demande :

1°...
2°...

———

NOTA. Voir les notes du numéro précédent.

Lorsque l'absence est de plus de huit jours, elle est autorisée par un congé. Le ministre a seul le droit de délivrer des congés.

On distingue deux espèces de congés :

1° Les congés pour affaires personnelles ;

2° Les congés de convalescence.

Les militaires en congé ont droit à la solde de congé, déterminée pour chaque corps par les tarifs. Toutefois, le ministre de la guerre accorde, sur des preuves authentiques de maladie et pour les cas particuliers, des congés de convalescence avec solde de présence.

Les congés pour *affaires personnelles* donnent droit à la solde de congé dans la limite de trois mois.

Les prolongations qui ont pour effet d'étendre au-delà de trois mois la durée totale de l'absence par congés, pour *affaires personnelles*, ne donnent pas droit à la solde.

Les militaires qui ne profitent pas immédiatement de leurs congés sont tenus d'en solliciter le renouvellement, s'il s'est écoulé un mois depuis la date de ces congés ; il n'est point accordé de rappel de solde à ceux qui ne se conforment pas à cette obligation.

Tout militaire en permission ou congé, qui use de la faculté qui lui est acquise de rentrer à son corps ou à sa résidence avant l'expiration de sa permission ou de son congé, recouvre ses droits à la solde de présence à compter du lendemain de sa rentrée.

Le militaire en permission ou en congé, avec ou sans solde, qui rentre à l'expiration de sa permission ou de son congé, recouvre également ses droits à la solde de présence à compter du lendemain du jour où il rejoint son corps ou sa résidence.

Les militaires qui n'ont pas rejoint à l'expiration de leurs permissions, congés ou prolongations, sont privés de tout rappel de solde, à moins que le retard n'ait été causé par maladie et qu'ils n'en justifient par un billet de sortie de l'hôpital ou par un certificat des officiers de santé de l'hôpital militaire, et à défaut d'hôpital militaire, du médecin de l'hôpital civil du lieu ou de l'arrondissement, indiquant la nature de leur maladie et le temps qu'a exigé leur traitement. Ces certificats sont soumis au visa du sous-intendant militaire de l'arrondissement.

En cas de rappel de solde autorisé par le ministre, le militaire qui jouit d'un congé de convalescence *avec solde de présence*, et qui a dépassé le terme de son congé, n'a droit qu'à la solde de congé pour tout le temps écoulé depuis le jour où il a cessé d'être dans une position légale.

Tout militaire qui obtient une permission de s'absenter ou un congé, de quelque espèce que ce soit, est tenu, avant son départ, de le faire viser par le sous-intendant militaire, qui lui délivre en même temps une feuille de route. En cas d'absence du sous-intendant, cette double formalité est remplie par son suppléant.

Les congés ou permisssions des militaires rentrant de congé doivent être visés par le sous-intendant militaire, qui constate la date de leur retour à leur poste. (*Art.* 66 *et suivants du règlement du 11 mai 1856.*)

Nº 24.

DEMANDE pour obtenir un congé ou une prolongation
de congé de convaiescence.

———

**A Son Excellence
Monsieur le Ministre de la guerre.**

Monsieur le Ministre,

Ma santé se trouvant gravement altérée, j'ai l'honneur de vous prier de vouloir bien m'accorder un congé ou une prolongation de congé de convalescence de (un, deux ou trois mois) pour me rendre dans ma famille (*ou pour rester dans ma famille*) à.... (*désigner la commune, l'arrondissement et le département où l'on désire se rendre*).

Pour justifier la faveur que je sollicite, je joins à ma demande les certificats de visite et de contre-visite qui m'ont été délivrés, conformément aux dispositions de l'art. 29 du décret du 1ᵉʳ mars 1854.

Je suis avec un profond respect,

Monsieur le Ministre,

Votre très-humble et très-obéissant serviteur.

(*Ici la signature.*)

(*Indiquer au bas ses prénoms, le grade du demandeur, les décorations qu'il possède et la brigade dont il fait partie.*)

A...., le.... 18...

———

NOTA. Voir les notes des deux numéros précédents.
Des congés de convalescence de *trois mois* peuvent être

56

accordés par le ministre aux militaires de la gendarmerie.
Toute demande de congé de cette nature doit être accom-
pagnée de certificats de visite et de contre-visite de deux
médecins attachés aux hôpitaux civils ou militaires de la
localité, et transmis hiérarchiquement au ministre par
l'intermédiaire des chefs de légion. (*Art.* 29 *du décret du*
1er *mars* 1854.)

Prolongation de congé.

Les militaires de la gendarmerie qui désirent obtenir
des prolongations de congé sont tenus de justifier du besoin réel de ces prolongations : les chefs d'escadron et
capitaines, au chef de légion le plus à proximité, et les
lieutenants ainsi que les sous-officiers, brigadiers et gendarmes, au commandant de la gendarmerie du département où ils se trouvent. Les demandes et les certificats
sont transmis directement au ministre par les commandants de compagnie, avec leur avis motivé, lorsque les
postulants appartiennent à une autre légion. Les demandes doivent être faites assez à temps pour que l'intéressé
puisse rejoindre dans les délais prescrits, si la prolongation ne lui est point accordée. (*Art.* 30 *du décret du*
1er *mars* 1854.)

La durée d'un congé de convalescence, y compris les
prolongations avec solde, ne peut excéder six mois. Passé
ce terme, le ministre, avant d'accorder une nouvelle prolongation, se fait rendre un compte particulier de la situation physique du militaire pour connaître s'il est apte à
reprendre son service. (*Art.* 75 *du règlement du* 11 *mai*
1856.)

Les demandes de prolongation pour cause de maladie,
faites par les militaires de la gendarmerie, doivent être
appuyées des certificats de médecins dûment légalisés
par l'autorité locale et d'un avis motivé du commandant
de l'arrondissement où les militaires se trouvent en congé. Le commandant de la compagnie doit en même temps
informer le conseil d'administration *de la compagnie* ou
du corps auquel ces militaires appartiennent, de la transmission qu'il fait au ministre.

Le titre du premier congé doit toujours être émis à
l'appui de la demande de prolongation.

S'il existe un hôpital militaire dans l'arrondissement, les certificats à joindre aux demandes sont toujours délivrés par les officiers de santé en chef de cet établissement, sur l'invitation du commandant de la gendarmerie ; quant aux militaires en congé dans une commune où il n'existe ni hôpital militaire, ni hospice civil, et qui sont hors d'état d'être transportés, leur demande de prolongation de congé est appuyée d'un certificat du médecin du lieu ou de l'arrondissement, et d'une attestation du maire de la commune.

N° 25.

DEMANDE pour être autorisé à faire usage des eaux thermales.

—

A Monsieur

Le Commandant de la compagnie de gendarmerie de...

Mon Commandant,

Depuis quelque temps je suis atteint de douleurs rhumatismales (*ou* provenant de blessures que j'ai reçues), qui nuisent à l'accomplissement de mes devoirs.

Le médecin qui me traite pense que l'usage des eaux thermales de... (*indiquer le département où elles sont situées*) pourra les faire cesser.

Je vous prie, mon Commandant, de vouloir bien provoquer les mesures nécessaires pour que je puisse jouir du bénéfice de ces eaux pendant la première (seconde *ou* troisième) saison de cette année.

Pour justifier la faveur que je sollicite, je joins à ma demande les pièces ci-après désignées.

Veuillez agréer, mon Commandant, l'hommage de mon respect.

(Ici la signature.)

(Indiquer au bas ses prénoms, le grade du demandeur, les décorations qu'il possède et la brigade dont il fait partie.)

A..., le... 18...

Pièces jointes à l'appui de la demande :

1°...
2°...

Militaires qui demandent à faire usage des eaux thermales.

Nota. Les chefs de corps ou de légion font visiter, avant le 1er avril de chaque année, par les officiers de santé de l'hôpital militaire, ou à défaut, par ceux de l'hospice civil du lieu, les militaires de tous grades des corps ou compagnies sous leurs ordres qui demandent à aller aux eaux.

L'état nominatif de ces militaires, appuyé de leurs demandes et des certificats de visite et de contre-visite, est transmis par le chef de corps ou de légion à l'intendant militaire de la division qui, après examen, en fait directement l'envoi au ministre avec ses observations particulières. Cet envoi doit avoir lieu avant le 10 avril pour les militaires proposés pour la première saison, et avant le 10 juin pour ceux présentés pour les deuxième et troisième saisons.

Les militaires de la gendarmerie ne doivent être dirigés sur les établissements hospitaliers qu'après autorisation du ministre et sur l'avis qui en est donné au conseil d'administration par le fonctionnaire de l'intendance.

Militaires allant aux eaux.

Les sous-officiers, brigadiers et gendarmes autorisés à aller prendre les eaux dans les lieux où il existe des établissements militaires, sont assimilés, sous le rapport de la solde, à ceux qui se rendent aux hôpitaux externes.

Lorsque les militaires de la gendarmerie ont besoin d'aller prendre les eaux dans les lieux où il n'existe pas d'établissement militaire, le ministre de la guerre peut leur en accorder l'autorisation et leur conserver la solde de présence. Le congé qui leur est délivré à cet effet détermine le temps pendant lequel ils auront droit à cette solde.

Ceux des militaires qui demandent une semblable autorisation doivent justifier, par un certificat des officiers de santé de l'hôpital militaire, ou, à défaut, de l'hospice civil le plus voisin du lieu de leur résidence, que l'usage des eaux auxquelles ils veulent se rendre leur est indispensable.

Pour obtenir ensuite le rappel de leur solde, ils ont à produire un certificat du médecin en chef de l'établissement constatant le temps pendant lequel ils y ont été traités. Ce certificat doit être visé par le sous-intendant militaire ou le maire du lieu. Si les militaires ne passent pas aux eaux toute la durée de leur congé, la solde de présence ne leur est allouée que pour le temps du séjour qu'ils y ont fait; s'ils ne rejoignent pas à l'expiration de leur congé, ils sont privés de tout rappel de solde pour le temps écoulé depuis le jour de leur sortie de l'établissement où ils ont été traités. Il en est de même pour les officiers. (*Art. 90 et suivants du règlement du 11 mai 1856.*)

DE LA SOLDE D'HOPITAL EN CONGÉ.

Militaires en permission ou en congé avec solde traités aux hôpitaux.

Les militaires qui tombent malades étant en permission ou en congé sont admis dans les *hôpitaux* avec un billet d'entrée qui leur est délivré par l'autorité compétente, sur la présentation du titre régulier dont ils doivent être porteurs.

Le jour de l'admission et celui de la sortie sont annotés sur lesdits congés ou permissions par le sous-intendant militaire.

A leur retour, ils sont rappelés, pour le temps de leur séjour à l'hôpital, de la solde affectée à leurs congés, déduction faite des retenues ordinaires pour frais de traitement.

Ils sont rappelés également de la solde de leurs congés pour les journées antérieures à leur entrée et pour celles postérieures à leur sortie.

Si, pendant leur séjour aux hôpitaux, les militaires obtenaient une prolongation de congé sans solde, cette prolongation ne commencerait à prendre date que du jour de leur sortie, et jusque là ils continueraient à jouir de la solde affectée à leur première position.

Les militaires dont le congé avec solde de présence

expire pendant leur séjour à l'hôpital sont considérés, pour leurs droits ultérieurs à la solde, comme étant en prolongation de congé avec demi-solde, à compter de l'expiration de leur congé et jusqu'au jour inclus de leur rentrée au corps ou à la compagnie, sauf déduction de la retenue ordinaire pour frais de traitement.

Les officiers, sous-officiers, brigadiers et gendarmes qui entrent à l'hôpital lorsque le nombre de jours restant sur la durée du congé ne leur aurait pas suffi pour rejoindre dans le délai fixé, même en employant les voitures publiques ou les chemins de fer, sont privés de tout rappel de solde pour le temps antérieur à leur entrée à l'hôpital, sauf les cas d'empêchement légalement justifiés.

Militaires en congé sans solde traités aux hôpitaux.

Les militaires qui tombent malades étant en congé sans solde peuvent également être admis à l'hôpital. Leur entrée et leur sortie sont constatées suivant le mode indiqué ci-dessus.

Après leur retour à leur poste, les sous-officiers, brigadiers et gendarmes ne subissent aucune retenue pour leur séjour à l'hôpital.

Militaires traités hors des hôpitaux étant en congé.

Il ne peut être fait aucun rappel de solde de congé, à moins d'une décision du ministre de la guerre, aux officiers, sous-officiers, brigadiers et gendarmes qui, ayant outrepassé le temps de leur congé pour cause de santé, se seraient fait soigner hors des hôpitaux. Les motifs qui les ont empêchés d'entrer dans ces établissements doivent être justifiés par des certificats des maires, indépendamment des certificats de médecins et des attestations des officiers de la gendarmerie locale.

Militaires allant aux eaux ou aux hôpitaux
hors du département.

Les officiers, sous-officiers, brigadiers et gendarmes allant aux eaux ou aux hôpitaux ou en revenant, ont droit, lorsque ces établissements sont hors de leur département, à l'indemnité ordinaire de route.

Ces militaires obtiennent les moyens de transport pour leur voyage aux eaux ou aux hôpitaux, dans les positions prévues par le règlement sur le service des convois.

(*Voir au* Mémorial *de la* Gendarmerie *la note du 18 juillet 1853, relative aux effets d'habillement que les militaires peuvent emporter allant aux eaux.*

Militaires traités dans les hospices civils.

Les militaires de la gendarmerie faisant le service de résidence ont la faculté de se faire traiter dans les hospices civils. A cet effet, les conseils d'administration des compagnies sont autorisés à payer sur la solde de présence due à ces militaires le prix de la journée qui a été consenti avec les administrateurs des hospices, lequel, dans aucun cas, ne peut excéder le prix fixé pour les militaires des autres corps de troupe.

L'admission des militaires de la gendarmerie dans les hospices civils, par suite de conventions avec les directeurs, n'occasionne aucune mutation, et la solde de présence leur est allouée comme s'ils étaient présents au corps. (*Art* 89 *du règlement du* 11 *mai* 1856.)

N° 26.

Demande pour obtenir l'admission gratuite de la fille d'un militaire de la gendarmerie décoré, dans l'un des pensionnats destinés à l'éducation des filles des membres de la Légion d'honneur.

———

A Monsieur

Le grand Chancelier de l'ordre de la Légion d'honneur.

Monsieur le grand Chancelier,

Etant sans fortune et ayant été nommé chevalier de la Légion d'honneur le..., je vous prie d'avoir la bonté d'admettre gratuitement dans l'un des pensionnats de l'ordre, ma fille (*indiquer ici ses nom, prénoms et son âge*).

Je joins à cette demande les pièces ci-après désignées, pour justifier la faveur que je sollicite de votre bienveillance.

Je suis avec un profond respect, Monsieur le grand Chancelier, votre très-humble et très-obéissant serviteur.

(Ici la signature.)

(*Indiquer au bas ses prénoms, le grade du demandeur, les décorations qu'il possède et la brigade dont il fait partie.*)

A... le... 18...

Pièces jointes à l'appui de la demande :

1°...
2°...

Nota. Les succursales de la Légion d'honneur sont destinées à recevoir gratuitement quatre cents élèves, filles des membres de l'ordre.

Les élèves sont reçues de neuf à douze ans; elles doivent savoir déjà lire et écrire. Elles sont remises à leurs parents lorsqu'elles ont accompli leur dix-huitième année ou plus tôt si leur famille le désire.

Les admissions ont lieu par rang d'âge, en commençant par les enfants qui sont le plus près d'atteindre douze ans.

Nulle famille ne peut obtenir plus d'une place gratuite.

Les trousseaux des élèves sont fournis par le pensionnat et ne sont point à la charge des parents, lorsque l'élève est admise gratuitement.

A la demande qui est adressée au grand chancelier, il convient de joindre :

1° L'acte de naissance de l'enfant légalisé par le président du tribunal;

2° L'extrait de baptême;

3° Le certificat d'un médecin, constatant qu'elle a été vaccinée ou qu'elle a eu la petite vérole, qu'elle a eu (*ou n'a pas eu*) la rougeole, qu'elle est exempte d'infirmités, et qu'elle n'est point atteinte de maladies chroniques ou contagieuses;

4° Un état des services du père;

5° Une copie authentique de l'acte de sa nomination comme membre de la Légion d'honneur.

Avant l'entrée de l'élève au pensionnat, les parents doivent remettre l'engagement contracté par une personne domiciliée à Paris, de la recevoir à sa sortie.

Le pensionnat principal, situé à Saint-Denis, près Paris, est destiné aux filles des officiers de la Légion d'honneur.

Deux succursales ont été créées pour les filles des chevaliers : l'une à Saint-Germain-en-Laye, département de Seine-et-Oise, et l'autre à Paris, rue Barbette.

N° 27.

DEMANDE pour obtenir une admission *gratuite*
au prytanée militaire de La Flèche.

—

A son Excellence
Monsieur le Ministre de la guerre.

Monsieur le Ministre,

Le père de (*ici les nom, prénoms, âge du jeune
homme pour lequel on sollicite*) a été tué (*indiquer dans
quelle circonstance*).

La famille de cet enfant désire lui faire suivre la
carrière militaire et serait heureuse s'il pouvait être
admis au *prytanée* militaire de La Flèche.

J'ai pourvu jusqu'à ce jour aux dépenses de son instruction; mais l'exiguité de mes moyens pécuniaires
et son défaut de fortune ne me permettraient pas de
subvenir plus longtemps aux frais de son éducation.

Dans ces circonstances, j'ai l'honneur de prier Votre
Excellence de venir en aide à cet enfant et de lui accorder la faveur qu'il espère et que je sollicite pour lui.

Daignez, Monsieur le Ministre, agréer l'hommage
de mon profond respect.

(Ici la signature.)

*(Indiquer au bas le grade du demandeur, les déco-
rations qu'il possède et la brigade dont il fait partie.)*

A..., le... 18...

Pièces accompagnant cette demande.

1°...
2°...

———

Nota. Si la mère de l'enfant existe, la demande sera faite par elle dans la forme ci-après :

Monsieur le Ministre,

Mon mari (*nom*, *prénoms*, *grade*, *décorations et position au moment du décès*) a été tué (*indiquer dans quelle circonstance*).

Mon fils (*prénoms*, *âge*), désire suivre la carrière militaire et je serai heureuse si vous daignez l'admettre gratuitement au prytanée militaire de La Flèche.

Ma position malheureuse (*indiquer les charges s'il y en a*) me mettant dans l'impossibilité de pourvoir convenablement aux frais d'instruction de mon enfant, j'ose espérer que vous voudrez bien avoir égard aux services de son père, et lui accorder la faveur que je sollicite pour lui.

Veuillez agréer, Monsieur le Ministre, l'assurance de mon profond respect.

(Signature.)

(Indiquer la résidence.)

A..., le... 18...

Pièces accompagnant la demande.

———

Suivant les principes de l'ordonnance du 12 avril 1831, qui avait constitué le collége militaire de La Flèche, les places gratuites et demi-gratuites seraient données aux fils d'officiers; il n'y aurait d'exception à cette règle qu'en faveur des fils de sous-officiers morts au champ d'honneur.

Le décret du 6 janvier 1853 donne au collége militaire de la Flèche le titre de *prytanée impérial militaire*.

Aux termes du décret du 23 mai 1853, promulgué le 24 juin suivant, l'objet de l'institution du prytanée impérial militaire est de récompenser les services rendus à l'Etat par les officiers dans les armées de terre et de mer, en donnant à leurs fils, indépendamment de l'éducation militaire, une éducation littéraire et scientifique assez étendue pour leur permettre d'obtenir le diplôme de bachelier ès-sciences, et plus spécialement de se présenter avec succès aux concours d'admission à l'école impériale polytechnique et à l'école impériale et spéciale militaire.

Quatre cents élèves y sont entretenus aux frais de l'Etat, trois cents comme boursiers, cent comme demi-boursiers.

Le prytanée reçoit en outre des élèves pensionnaires entretenus en entier aux frais des familles.

Conditions d'admission.

Les places gratuites et demi-gratuites sont réservées exclusivement pour les fils d'*officiers* servant encore ou ayant servi dans les armées, et pour les fils de *sous-officiers morts* au champ d'honneur.

Elles sont accordées de préférence aux orphelins de père et de mère, et subsidiairement aux enfants à la charge de leur mère, dans l'ordre suivant :

1° Aux orphelins dont les pères ont été tués au service, ou sont morts de blessures reçues à la guerre;

2° Aux orphelins dont les pères sont morts au service, ou après l'avoir quitté avec une pension de retraite;

3° Aux orphelins dont les pères ont été amputés ou sont restés estropiés par suite de blessures reçues à la guerre.

Les enfants qui remplissent les conditions ci-dessus indiquées ne peuvent être reçus au prytanée qu'autant que leurs parents ou tuteurs ont produit à l'appui de leur demande :

1° L'acte de naissance de l'enfant, revêtu des formalités prescrites par la loi, à l'effet de constater qu'à l'époque fixée pour l'admission annuelle des élèves, il aura dix ans accomplis et n'en aura pas plus de douze;

2° Une déclaration signée d'un docteur en médecine ou en chirurgie, attaché à un hôpital civil ou à un hôpital militaire, dûment légalisé et constatant que l'enfant a eu la petite vérole et qu'il a été vacciné, et qu'il n'est atteint ni d'affection chronique, ni de maladie contagieuse ;

3° Un certificat constatant, après un examen dont le ministre de la guerre règlera la forme, le degré d'instruction du candidat ;

4° Un état authentique des services du père ;

5° Un relevé du rôle des contributions, et un certificat délivré par le maire du lieu du domicile de la famille, énonçant exactement les moyens d'existence, le nombre d'enfants et les autres charges des parents. Si le père fait encore partie d'un corps de troupe, ce certificat est délivré par le conseil d'administration ;

6° Une déclaration du conseil municipal, constatant que la famille est sans fortune et qu'elle est dans le cas d'obtenir soit la bourse entière, soit la demi-bourse. Cette déclaration est provoquée par le préfet du département, qui instruit la demande et donne son avis.

Toutes les pièces doivent être adressées par l'entremise du préfet au ministre secrétaire d'État de la guerre, avant le 1er juillet, sauf le certificat qui constate le degré d'instruction du candidat. Ce certificat est produit dans le courant dudit mois.

Nul ne peut être admis comme élève pensionnaire s'il a accompli l'âge de quatorze ans au 1er octobre de l'année alors courante.

Les familles qui sollicitent l'admission de leurs fils comme pensionnaires doivent produire un certificat du maire du lieu de leur résidence, visé par le préfet et constatant qu'elles sont en état de payer la pension.

Les familles des élèves admis à titre gratuit sont tenues de subvenir aux frais du trousseau lors de l'admission.

Les parents des enfants nommés élèves demi-boursiers ou pensionnaires doivent remettre au commandant du prytanée, lorsqu'ils y présentent des élèves, l'engagement de verser au trésor, par trimestre et d'avance, le prix soit de la demi-pension, soit de la pension entière.

L'époque unique d'admission est fixée au 1er octobre de chaque année.

Les élèves payants ou gratuits qui n'ont pas alors onze ans révolus doivent savoir lire et écrire, connaître les premiers éléments de la grammaire française et du calcul, l'histoire sainte jusqu'à la mort de Salomon, et enfin avoir les premières notions de la géographie, de manière à pouvoir entrer en septième à l'époque de l'admission.

Ceux qui auraient complété la onzième année doivent être capables d'entrer dans la classe de sixième, organisée conformément au plan d'études de l'Université.

Les élèves pensionnaires admis après l'âge de douze ans doivent être en état de suivre la classe correspondante à leur âge.

Les élèves qui auraient commis une faute assez grave pour encourir le renvoi du prytanée paraissent devant le conseil de discipline, et le ministre de la guerre statue sur les propositions de renvoi, qui doivent toujours être accompagnées d'un avis motivé, signé de tous les membres du conseil.

Lors de la tournée annuelle des examinateurs d'admission à l'école impériale polytechnique et à l'école impériale spéciale militaire, les élèves en position de concourir pour l'une et l'autre école sont présentés aux examinateurs.

Les élèves boursiers ou pensionnaires fils de militaires qui, pendant leur séjour au prytanée, ont concouru pour l'admission à l'école impériale spéciale militaire, sont, à titre de faveur particulière, avancés de quinze rangs sur la liste d'admissibilité de cette école.

Cet avantage, accordé auxdits élèves en raison des services de leurs pères, et de leur aptitude spéciale résultant de l'éducation militaire qu'ils ont reçue au prytanée militaire, leur est continué même après leur sortie de cet établissement, s'ils se présentent de nouveau au concours.

Les élèves ne peuvent rester au prytanée au-delà de la fin de l'année scolaire dans le courant de laquelle ils ont accompli leur dix-neuvième année.

N° 28.

Demande pour qu'un fils soit admis
à l'Ecole vétérinaire d'Alfort.

—

A Son Excellence
Monsieur le Ministre de la guerre.

Monsieur le Ministre,

Les désirs de mon fils (*ici ses nom, prénoms et son âge*) comme les miens, me portent à solliciter de votre bienveillance son admission gratuite à l'Ecole impériale vétérinaire d'Alfort.

A l'appui de la faveur que je sollicite, j'invoque... années de service militaire et une régularité de conduite qui m'a valu l'estime et la confiance de mes chefs.

Je suis avec un profond respect, Monsieur le Ministre, votre très-humble et très-obéissant serviteur.

(*Ici la signature.*)

(*Indiquer au bas le grade du demandeur, les décorations qu'il possède et la brigade dont il fait partie.*)

A..., le... 18...

Ici la nomenclature des pièces jointes à la demande.

———

Nota. L'État entretient à l'école d'Alfort quarante élèves militaires qui y sont reçus gratuitement. La pension, le trousseau, les livres, les instruments et les frais d'entretien sont au compte du ministre de la guerre.

Ces places sont accordées dans l'ordre de préférence suivant :

1° Aux fils de vétérinaires militaires ;

2° Aux fils de sous-officiers ;

3° Aux enfants de troupe.

Pour être admis, il faut réunir les conditions qui suivent :

Être âgé de dix-huit à vingt-cinq ans au plus ;

Avoir la taille de 1 mètre 632 millimètres ;

Etre d'une bonne constitution ;

Avoir été vacciné ou avoir eu la petite vérole ;

Savoir l'orthographe ;

Savoir forger un fer pour le pied d'un cheval.

Un examen préparatoire d'admission a lieu tous les ans vers le 10 octobre.

Après deux années de séjour et d'études à l'école vétérinaire d'Alfort, les élèves militaires contractent un engagement volontaire de sept ans. — La durée totale des cours est de quatre années, à l'expiration desquelles les élèves sont nommés vétérinaires en second dans les corps de cavalerie de l'armée.

Les élèves qui, pendant leurs études à l'école, donnent lieu à des plaintes, sont envoyés dans des régiments de cavalerie pour y servir comme soldats ou comme maréchaux ferrants.

Aux demandes en admission doivent être jointes les pièces suivantes :

1° L'acte de naissance du candidat ;

2° Un certificat de bonnes vie et mœurs, délivré par le maire de la résidence et légalisé par le sous-préfet ;

3° Un certificat de médecin constatant que l'aspirant a été vacciné ou a eu la petite vérole ;

7° Un certificat de l'officier du recrutement, constatant la taille requise et les qualités nécessaires pour servir dans la cavalerie ;

5° Le certificat d'un vétérinaire invoquant les connaissances en maréchalerie du candidat ;

6° Un certificat de chef d'institution ou de professeur de l'Université, faisant connaître le degré d'instruction de l'aspirant ;

7° Un état des services du père du candidat ;

8° Enfin, les jeunes gens âgés de plus de vingt ans

doivent justifier qu'ils ont satisfait à la loi du recrutement.

Il y a en France trois Écoles principales vétérinaires :
L'une à Alfort, près Paris ;
L'autre à Lyon ;
La troisième à Toulouse.
Elles ressortissent du ministère de l'agriculture et du commerce.

Le prix des Écoles de Lyon et de Toulouse est de 360 francs par année.

N° 29.

DEMANDE pour obtenir qu'un fils soit admis comme enfant de troupe dans la gendarmerie, ou dans un régiment.

———

A Monsieur le Colonel commandant la... légion de gendarmerie (*ou le... régiment de...*).

Mon Colonel,

Ma position peu aisée (*indiquer les charges de famille s'il y en a*) me fait vivement désirer que mon fils (*nom, prénoms, âge*) puisse être admis en qualité d'enfant de troupe, et je viens solliciter de votre bienveillance son admission dans votre légion (*ou dans votre régiment*).

Je joins à la demande que je prends la liberté de vous adresser :

1° Mes états de service ;

2° Un extrait de l'acte de naissance de mon fils ;

3° Mon acte de mariage ;

4° Un certificat de médecin constatant qu'il a été vacciné ou qu'il a eu la petite vérole, et qu'il n'est atteint ni d'infirmités ni de maladies contagieuses.

Daignez, Monsieur le Colonel (*ou Mon Colonel*), agréer l'hommage de mon respect.

(Ici la signature.)

(Indiquer au bas le grade du demandeur, ses prénoms, les décorations qu'il possède et la brigade dont il fait partie.)

A..., le... 18...

————

NOTA. La signature du médecin qui a constaté que l'enfant a été vacciné ou a eu la *petite vérole*, doit être légalisée par le maire de la commune.

Aux termes des décrets du 10 juillet 1852 , le nombre des places d'enfants de troupe est de :

Cinq par compagnie pour la gendarmerie départementale;

Cinq par compagnie pour la gendarmerie coloniale;

Deux par compagnie pour la gendarmerie de la garde impériale ;

Deux par compagnie ou escadron pour la garde de Paris;

Deux par compagnie pour les gendarmes vétérans ; et aujourd'hui que les compagnies de vétérans ont été fondues en une seule, cette compagnie a huit enfants de troupe, dont quatre au titre de la gendarmerie et quatre en vertu du décret du 15 février 1854.

Un décret du 27 novembre 1852 a fixé la solde, les indemnités et les prestations attribuées aux enfants de troupe créés dans les compagnies de gendarmerie par les décrets des 22 décembre 1851 et 10 juillet 1852.

Aux termes de ces décrets, les allocations faites aux enfants de troupe de la gendarmerie âgés de moins de huit ans seront remises à leurs parents.

Les mêmes enfants, parvenus à l'âge de huit ans, pourvoient à tous leurs besoins au moyen de la solde, d'une première mise dite d'habillement, fixée à 60 fr. et d'une prime journalière qui leur est allouée.

A cet effet, ils versent chaque jour sur leur solde, jusqu'à l'âge de quatorze ans, 15 cent. à l'ordinaire des corps dans lesquels ils sont mis en subsistance, et 12 cent. à leur masse, qui est fournie à leur entrée au corps au moyen de l'allocation de la première mise.

Les enfants qui ont dépassé l'âge de quatorze ans sont soumis aux mêmes versements à l'ordinaire que les enfants du même âge faisant partie des régiments, et le prélèvement sur leur solde, destiné à alimenter leur masse, est porté de 12 cent. à 15 cent.

La masse individuelle est affectée à l'achat, à l'entretien et au renouvellement de l'habillement, de l'équipement, du linge et des chaussures.

Ce mode a l'avantage de constituer à chaque enfant une masse qui est mise à sa disposition à l'âge de dix-huit ans.

Les conseils d'administration des corps où les enfants de troupe sont placés, sont chargés de surveiller l'emploi de la masse des enfants et de pourvoir à tous leurs besoins.

Avant l'âge de huit ans, la solde des enfants est de 35 cent., plus 15 cent. pour Paris.

De huit ans à quatorze ans, de 35 cent. avec le pain.

A quatorze ans, de 53 cent. avec le pain.

La prime journalière est de 07 cent.

Les enfants de troupe ont droit à la solde à partir du jour de leur admission.

Lorsqu'à l'âge de quatorze ans, ils font titulairement le service de tambour ou de clairon, ils reçoivent la solde affectée à ces emplois. — S'ils font le service sans être titulaires, ils reçoivent une solde spéciale. — Il en est de même lorsqu'ils sont employés dans la musique, dans les bureaux des officiers comptables, ou dans les ateliers du corps. Cet état de choses subsiste jusqu'à leur dix-huitième année : alors, ils contractent un engagement et reçoivent la solde du soldat. — S'ils refusent de s'engager ou s'ils n'y sont pas admis, pour défaut de santé ou autre cause, leur décompte de masse individuelle leur est retenu en entier. Si ce refus d'admission provient de réforme pour causes qui existaient avant leur arrivée au corps, il ne leur est fait retenue que de la moitié de leur décompte dé masse.

Les enfants des sous-officiers en activité dans les résidences fixes peuvent, dès l'âge de *deux ans* accomplis, être admis comme enfants de troupe dans les régiments qui tiennent garnison dans les places où ces sous-officiers exercent leurs fonctions, quelle que soit l'arme de ces régiments.

Lorsque ces corps changent de garnison, les enfants sont attachés à ceux qui les relèvent lorsqu'il y a des places vacantes. S'il n'y en a pas, ils sont mis en subsistance en attendant qu'il y ait des vacances, et jusqu'à ce moment ils continuent à compter à l'effectif du corps dont ils faisaient précédemment partie. Cet état de choses a lieu jusqu'à ce que les enfants aient atteint dix ans révolus. (*Décision ministérielle du* 11 *juin* 1842.)

L'on peut toujours savoir s'il y a des places d'enfants de troupe vacantes dans les régiments, en s'adressant à l'intendant militaire.

(*Voir à l'indication des actes à consulter, placée à la suite de cet ouvrage, ceux concernant les enfants de troupe.*)

N° 30.

Demande pour qu'un enfant de troupe soit admis en
subsistance dans un autre régiment.

A Monsieur le Colonel du régiment...

Mon Colonel,

Mon fils (*nom., prénoms, âge*) a été admis comme
enfant de troupe dans le... régiment de... depuis
le...

Ce régiment vient de recevoir l'ordre de quitter la
ville de... pour aller tenir garnison à...

Ce changement a pour résultat d'éloigner beaucoup
de moi mon jeune enfant, qui a besoin encore des af-
fections et des conseils de sa famille, et je viens vous
prier, Mon Colonel, de vouloir bien l'admettre, conformément à la décision ministérielle du 11 juin 1842,
en subsistance dans le régiment que vous commandez.

Je vous prie d'agréer, mon Colonel, l'hommage de
mon profond respect.

(Ici la signature.)

*(Indiquer au bas le grade du demandeur, ses pré-
noms. les décorations qu'il possède et la brigade dont
il fait partie.)*

A..., le... 18...

Nota. Pour les enfants des sous-officiers âgés de moins
de dix ans, ces demandes sont toujours accueillies, afin de
les maintenir dans la même garnison. La décision ministérielle du 11 juin 1842 donne aux colonels les moyens
d'en agir ainsi. — S'il n'y avait pas de place d'enfant de

troupe vacante dans le régiment qui remplace l'ancien, l'enfant est admis au nouveau régiment en subsistance, jusqu'à ce qu'il y ait une vacance, et il continue de compter à l'ancien régiment.

(Voir à l'indication des actes à consulter, placée à la fin de cet ouvrage, ceux concernant les enfants de troupe.)

N° 31.

DEMANDE pour être nommé cantinier.

—

A Monsieur le Colonel commandant la... légion de gendarmerie *ou* le régiment de gendarmerie de la garde impériale *ou* la garde de Paris.

Mon Colonel,

Je viens vous prier de vouloir bien m'autoriser à remplacer le garde (*ou le gendarme*) dans la gestion de sa cantine.

Mon exactitude à remplir mes obligations justifiera, je l'espère, le témoignage de bienveillance que je sollicite de votre bonté.

Je suis avec un profond respect, Mon Colonel, votre très-humble et très-obéissant serviteur.

(Ici la signature.)

(Indiquer au bas le grade du demandeur, ses prénoms, les décorations qu'il possède et la brigade ou le corps dont il fait partie.)

A..., le... 18...

Pièces jointes à l'appui de la demande :

1°...
2°...

———

NOTA. Les places de cantiniers au corps ne peuvent être accordées qu'à des gardes, des tambours ou des trompettes *mariés*. Les sous-officiers et brigadiers ne peuvent y être nommés, alors même qu'ils offriraient de se démettre de leur grade.

Les cantiniers employés dans les casernes de la garde
de Paris et dans les régiments de gendarmerie de la garde
impériale sont chargés de tenir les registres suivants, qui
doivent être cotés et paraphés par l'adjudant-major le plus
ancien de grade :

1° Registre des entrées de marchandises;

2° Registre-journal;

3° Registre des comptes ou crédits ouverts.

Les cantiniers sont soumis à la surveillance des adjudants-majors qui, dans leurs casernes respectives, sont tenus de les inspecter, au moins une fois par chaque semaine, afin de s'assurer de leur bonne tenue, de l'exactitude des comptes et du montant des crédits accordés.

Les crédits que les cantiniers sont autorisés à faire aux gardes ou gendarmes ne doivent pas dépasser les limites qui suivent :

Pour un sous-officier .... 10 fr. »
Pour un brigadier...................... 7   50
Pour un garde ou gendarme............ 5   »

Tout cantinier qui accorderait aux sous-officiers, gardes
ou gendarmes des crédits supérieurs à ces sommes ou qui
ne se conformerait pas aux ordres à lui donnés par les
officiers du corps, serait l'objet d'un rapport au colonel,
qui, suivant les circonstances, ordonnerait la fermeture
de la cantine pendant un temps déterminé, ou prononcerait la révocation des cantiniers.

Les marchandises achetées par les cantiniers et à eux
livrées, ne peuvent être mises en cave qu'après avoir été
soumises à la vérification du capitaine chargé de la police,
qui veille à ce qu'elles soient inscrites immédiatement sur
le registre à ce destiné.

Toutes les fois que les capitaines ou les adjudants-majors inspectent les cantines et se livrent à l'examen des
registres, ils doivent apposer leur visa au-dessous du dernier article du livre-journal.

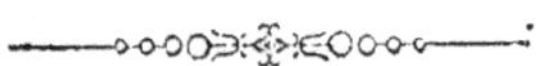

N° 32.

Demande pour être nommé trompette ou tambour
dans la garde de Paris, dans le régiment ou dans
l'escadron de gendarmerie de la garde impériale.

—

A Son Excellence
Monsieur le Ministre de la guerre.

Monsieur le Ministre,

Le soussigné désirerait être nommé trompette *(ou
tambour)* dans la garde de Paris *(ou* dans le régiment,
ou dans l'escadron de gendarmerie de la garde impériale), emploi qu'il a déjà rempli au *(indiquer le corps.)*

Ses chefs ont bien voulu donner leur adhésion à sa
demande.

Il a l'honneur de prier votre Excellence d'agréer
l'hommage de son profond respect.

(Ici la signature.)

*(Indiquer au bas le grade du demandeur, **ses prénoms**, les décorations qu'il possède et la brigade ou le
corps dont il fait partie.)*

A..., le... 18...

Pièces jointes à l'appui de la demande:

1°...
2°...

———

Nota. Le militaire qui demande à être nommé trompette ou tambour n'est pas en nécessité de produire des

pièces à l'appui de sa pétition, s'il sollicite l'emploi dans la garde ou le régiment où il est employé. Ce fait est constaté par le registre matricule du corps. Les officiers supérieurs qui transmettent la demande au ministre donnent à cet égard tous les renseignements nécessaires.

N° 33.

Demande pour obtenir un secours d'urgence sur la masse de secours.

—

A Monsieur

Le Commandant de la compagnie de gendarmerie de...

Mon Commandant,

Ma position malheureuse, que vous connaissez, me force de faire appel à votre bienveillance et de vous prier de vouloir bien me faire obtenir un secours d'urgence pour m'aider à subvenir au paiement de différentes petites dettes que ma nombreuse famille (*ou toute autre cause que l'on indique*) m'a fait contracter.

Ma solde est ma seule ressource, et elle est maintenant évidemment insuffisante à mes besoins.

Recevez, mon Commandant, l'hommage de mon respect.

(Ici la signature.)

(Indiquer au bas le grade du demandeur, ses prénoms, les décorations qu'il possède et la brigade dont il fait partie.)

A..., le... 18...

Pièces jointes à l'appui de la demande.

1°...
2°...

———

Nota. La masse de secours est destinée à être distribuée en totalité ou en partie, par le ministre de la guerre, aux sous-officiers , brigadiers et gendarmes les plus nécessiteux.

Cette répartition est préparée annuellement , et arrêtée par les inspecteurs généraux. Toutefois, elle ne devient définitive qu'après avoir reçu l'approbation du ministre de la guerre.

Nul sous-officier, brigadier ou gendarme ne peut y être compris pour une somme moindre de 25 fr.

Dans l'intervalle des revues, et seulement pour des cas urgents, les chefs de corps ou de légion sont autorisés, sur la proposition des conseils d'administration , *à accorder* des secours qui ne peuvent s'élever à plus de 50 *francs* par homme, sans une autorisation spéciale du ministre.

N° 34.

DEMANDE de gratification sur le fonds spécial de la gendarmerie.

—

A Monsieur

Le Commandant de la compagnie de gendarmerie de...

Mon Commandant,

Ainsi qu'il résulte du procès-verbal n°..., adressé à mon Capitaine (*ou* lieutenant) le..., j'ai été assez heureux pour me distinguer en (*indiquer la circonstance*).

J'espère, mon Commandant, que vous verrez dans ces faits un motif suffisant pour me faire accorder une gratification qui me viendrait avantageusement en aide dans ma position qui n'est pas heureuse.

Recevez, Mon Commandant, l'hommage de mon respect.

(Ici la signature.)

(*Indiquer au bas le grade du demandeur, ses prénoms, les décorations qu'il possède et la brigade dont il fait partie.*)

A..., le... 18...

Pièces jointes à l'appui de la demande.

1°...
2°...

———

Fonds spécial pour bons services.

Les sous-officiers, brigadiers et gendarmes qui, pour des faits et services signalés, sont susceptibles d'obtenir des récompenses pécuniaires, reçoivent des gratifications sur un fonds spécial compris chaque année au budget de la guerre.

Les gratifications sont accordées par le ministre de la guerre, sur la demande du chef de corps ou de légion.

Nº 35.

Demande pour obtenir remise d'une punition.

—

A Monsieur le Commandant

De la compagnie de gendarmerie de... (*ou le...* escadron de la garde de Paris, *ou la...* compagnie du... bataillon du régiment de gendarmerie de la garde impériale).

Mon Commandant (*ou* mon Capitaine),

Je me crois fondé à réclamer contre la punition qui m'a été infligée. J'ai l'honneur de vous prier de vouloir accueillir les observations que je prends la liberté de vous soumettre, afin de me justifier de la faute qui m'a été imputée.

(*Expliquer ici clairement et brièvement les faits : dire avec modération ce qui paraît être une justification ou une affirmation ; produire les preuves ou indiquer les témoins.*)

Croyant, mon Commandant (*ou* mon Capitaine), avoir été l'objet d'une erreur (*ou* d'une punition trop sévère), je vous prie de vouloir bien lever (*ou* atténuer) la punition qui m'a été infligée et contre laquelle j'ai le regret d'avoir vainement réclamé près du chef qui l'a prononcée.

Recevez, Mon Commandant (*ou* mon Capitaine), l'hommage de mon profond respect.

(Ici la signature).

(*Indiquer au bas le grade du demandeur, ses prénoms, les décorations qu'il possède et la brigade dont il fait partie.*)

A..., le... 18...

Nota. Toute réclamation contre une punition est permise, pourvu qu'elle soit individuelle; elle peut être faite verbalement ou par écrit. Les officiers, sous-officiers, brigadiers et gendarmes sont soumis, chacun en ce qui les concerne, aux règlements de discipline militaire et aux peines que les supérieurs sont autorisés à infliger à leurs inférieurs pour les fautes et négligences dans le service. (*Art.* 554 *du décret du* 1er *mars* 1854.)

En ce qui concerne le service et l'ordre public, tout officier, sous-officier, brigadier ou gendarme peut être puni par un militaire de l'arme, du grade supérieur au sien ou qui en exerce temporairement les fonctions. (*Art.* 555 *du décret du* 1er *mars* 1854.) (*Voir les limites des punitions que peut infliger chaque grade aux art.* 564 *et* 565 *du décret du* 1er *mars* 1854 *précité.*)

Cependant, si un sous-officier, brigadier ou gendarme commet contre la discipline une faute de nature à mériter une plus forte punition, les chefs de légion sont autorisés à prolonger la peine de la prison jusqu'à ce que le ministre de la guerre ait prononcé.

Les punitions de salle de police et de prison, pour les commandants de brigade, sont toujours subies au chef-lieu de l'arrondissement ou de la compagnie.

Les punitions à infliger aux maréchaux des logis adjoints aux trésoriers sont prononcées, pour ce qui concerne leur service spécial, par l'officier qui en a la direction, ou par le commandant de la compagnie. Pour tout autre objet, elles le sont par tout supérieur en grade. (*Art.* 566 *du décret du* 1er *mars* 1854.)

Les chefs de légion de gendarmerie peuvent, d'après le compte qui leur est rendu, restreindre ou augmenter les punitions prononcées par les officiers et chefs de brigade sous leurs ordres, sans s'écarter, dans aucun cas, des règles qui sont prescrites ci-après pour la nature et la durée des punitions. Ils peuvent en changer la nature et même les faire cesser; dans ce cas, ils font apprécier à celui qui a puni l'erreur qu'il a commise, et le chargent de lever la punition. Ils le punissent lui-même s'ils reconnaissent qu'il y a eu de sa part abus d'autorité. (*Art.* 556 *du décret du* 1er *mars* 1854.)

Tout officier, lors même qu'il se croit injustement puni, doit d'abord se soumettre à la punition disciplinaire prononcée contre lui; mais il peut, après avoir obéi, faire des réclamations auprès de l'officier immédiatement supérieur à celui qui a puni.

Les punitions contre lesquelles on a réclamé sans de justes motifs peuvent être augmentées par les chefs de légion (*Art. 562 du décret du 1er mars 1854.*)

Dans les corps de gendarmerie ayant une organisation régimentaire, les punitions infligées par les sous-officiers et brigadiers sont les mêmes que celles déterminées par l'ordonnance du 2 novembre 1833 sur le service intérieur des corps. (*Art. 565 du décret du 1er mars 1854.*) (*Voir les art. 566 et 568 du même décret.*)

Les dispositions de l'art. 562 du décret du 1er mars 1854 sont applicables aux réclamations que les sous-officiers, brigadiers et gendarmes peuvent élever contre les punitions qui leur ont été infligées par leurs supérieurs.

Ces réclamations sont transmises au chef de légion par la voie hiérarchique, avec l'avis des commandants de compagnie. (*Art. 569 du décret du 1er mars 1854.*) (*Voir l'art. 562, plus haut.*)

Nº 36.

DEMANDE à l'effet d'être reçu en audience particulière.

—

A Monsieur

Le *(ici le titre honorifique et de l'emploi)*.

Monsieur le *(ici le titre de l'emploi)*.

Le soussigné a l'honneur de vous prier d'avoir la bonté de lui accorder une audience particulière, afin de vous donner quelques explications utiles à la demande qu'il soumet à votre appréciation.

Il est, avec un profond respect, votre très-humble et très-obéissant serviteur.

(Ici la signature.)

(Indiquer au bas ses prénoms, le grade du demandeur, les décorations qu'il possède et la brigade dont il fait partie.)

A..., le... 18...

—

NOTA. Si c'est une demande ayant pour but d'obtenir une admission dans une administration, il est bon de faire connaître les droits que le pétitionnaire peut avoir à la place qu'il sollicite.

Il convient d'indiquer en peu de mots le motif pour lequel on demande une audience.

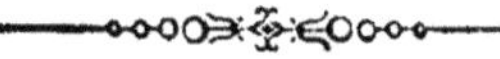

N° 37.

DEMANDE pour obtenir une expédition d'un acte de naissance ou d'autres actes de l'état civil.

—

A Monsieur le Maire

De la commune de...., département de.... (*ou à Monsieur le Greffier du tribunal de...*).

Monsieur le maire (*ou Monsieur le greffier*),

J'ai recours à votre obligeance en vous priant de me faire délivrer et de m'adresser le plus tôt possible expédition de mon acte de naissance (*ou bien de l'acte qui constate le décès de mon père ou de toute autre personne*). (*Indiquer les dates et la commune où les actes ont été passés.*)

Je vous serai également très-obligé de vouloir bien prendre la peine de faire légaliser votre signature par M. le président du tribunal civil de votre arrondissement.

Je joins à cette lettre un mandat de 2 fr. sur la poste pour subvenir aux frais d'expédition et de légalisation de l'acte que je vous prie d'avoir la bonté de m'adresser.

J'ai l'honneur, Monsieur le Maire (*ou Monsieur le greffier*), de vous offrir mes remerciements pour le service que vous me rendrez et l'assurance de ma parfaite considération.

(*Ici la signature.*)

(*Indiquer au bas le grade du demandeur, les décorations qu'il possède et la brigade dont il fait partie.*)

A...., le... 18...

Nota. Cette lettre doit être affranchie ; mais il n'est pas nécessaire de l'envoyer par la voie hiérarchique.

Quand on sait bien sûrement de quel arrondissement fait partie la commune au maire de laquelle on a le projet de s'adresser pour avoir un acte de l'état civil, il vaut mieux envoyer la lettre au greffier du tribunal civil.

Au greffe se trouvent tous les registres de l'état civil de l'arrondissement, et, en envoyant au greffier un *mandat de deux francs* sur la poste, on est plus assuré de recevoir promptement l'acte dont on a besoin. Le greffier l'envoie tout légalisé.

L'acte de naissance, délivré pour *service militaire*, doit être expédié sur papier libre. (*Circulaires des* 21 *septembre* 1837 *et* 27 *septembre* 1839 *au* Mémorial.)

Le coût de l'expédition et de la légalisation, fixé par la loi du 21 ventose an vii et par le *décret du* 12 *juillet* 1807 (*voir la dernière des circulaires sus-mentionnées*), est pour Paris, de 1 fr. au total ; pour les villes de 50,000 âmes et au-dessus, de 75 c. ; et pour les autres communes, de 55 c. (V. le *Journal de la Gendarmerie de* 1854, n° 338.)

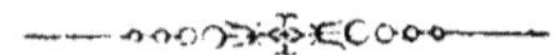

N° 38.

DEMANDE d'un militaire au service qui réclame l'intervention du ministre afin d'avoir des nouvelles de sa famille.

A Son Excellence
Monsieur le Ministre de la guerre.

Monsieur le Ministre,

Depuis longtemps retenu sous les drapeaux par le service militaire, le soussigné n'a pu aller voir sa famille et il désire beaucoup avoir de ses nouvelles.

A différentes époques il a écrit à son père qui habitait la commune de..., département de... Ses lettres sont restées sans réponse. Son silence lui donne de l'inquiétude. (*Ou bien.*) Ayant à régler avec ses frères et sœurs (*ou* avec sa famille, qui habite la commune de..., département de...) des affaires d'intérêt à l'occasion desquelles il leur a vainement écrit plusieurs fois; (*ou bien*) son fils (*ou* une autre personne), ayant été incorporé dans le régiment de..., (*ou* s'étant embarqué à...), n'a donné depuis... ans aucune de ses nouvelles.

Il a l'honneur de prier son Excellence de faire cesser ses inquiétudes en ayant l'extrême bonté de vouloir bien lui faire parvenir quelques renseignements à cet égard.

Il est, avec un profond respect, votre très-humble et très-obéissant serviteur.

(Ici la signature.)

(Indiquer au bas ses prénoms, le grade du demandeur, les décorations qu'il possède et la brigade dont il fait partie.)

A..., le... 18..

Nota. Il n'est pas nécessaire d'affranchir cette lettre, et il n'y a pas lieu de l'adresser par voie hiérarchique; mais si le pétitionnaire s'adresse à M. le Préfet ou au Maire pour obtenir les mêmes renseignements, la lettre doit *être affranchie*. Dans ce cas, on doit employer le pronom de la première personne « *Je soussigné,* etc. *J'ai l'honneur* « *de vous prier,* et finir par : *Je vous prie d'agréer l'hom-* « *mage de mon profond respect, etc.* »

Cette même formule (à quelques changements près) peut être mise en usage par les sous-officiers, brigadiers et gendarmes qui désirent obtenir des renseignements sur leurs fils ou parents étant au service, en s'adressant, soit au ministre, soit au colonel du régiment dont ils font partie.

N° 39.

DEMANDE pour être admis dans la compagnie de gendarmes vétérans stationnée à Riom (Puy-de-Dôme).

—

A Son Excellence
Monsieur le ministre de la guerre.

Monsieur le Ministre,

Le soussigné compte... ans de service militaire (*ci-joint un état de service*). Sa santé lui rend très-pénible un service actif, et il n'est pas dans une position de fortune qui lui permette de donner sa démission avant d'avoir atteint le temps exigé pour avoir droit à la retraite.

Il désirerait beaucoup être admis dans la compagnie de gendarmes vétérans, jusqu'au moment où il aura droit à une pension qui l'aidera à vivre dans ses foyers.

Il vient en conséquence prier votre Excellence d'avoir la bonté d'ordonner cette admission.

Il est, avec un profond respect,

De votre Excellence, etc.

(Ici la signature.)

(Indiquer au bas le grade du demandeur, ses prénoms, les décorations qu'il possède et la brigade dont il fait partie.)

A..., le... 18...

Pièces à l'appui de la pétition :

1°...
2°...

Noта. On comptait autrefois deux compagnies de gendarmes vétérans. Aujourd'hui il n'en existe plus qu'une, stationnée à Riom (Puy-de-Dôme). (*Art.* 14 *du décret du* 1er *mars* 1854 *et décret du* 15 *février* 1854 *réorganisant la compagnie de vétérans.*)

Ceux des officiers, sous-officiers, brigadiers et gendarmes qui ne conservent plus l'activité nécessaire pour le service de la gendarmerie, et qui n'ont pas droit à la retraite, sont susceptibles d'être admis dans les compagnies de vétérans. Toutefois, aucun militaire de l'arme ne peut être admis dans ces compagnies s'il ne compte au moins quinze ans d'activité. (*Art.* 41 *du décret du* 1er *mars* 1854.)

L'admission dans ces compagnies est une récompense accordée exclusivement à de bons et anciens services. (*Instruction sur les revues.*)

Les militaires admis dans les vétérans ne peuvent rentrer dans les cadres de l'armée active ni obtenir de l'avancement que dans l'un des cas prévus par les art. 157, 403 et 405 de l'ordonnance du 16 mars 1838.

Ils jouissent de la haute paie des chevrons sans en porter les insignes, et touchent leur solde d'après les fixations du tarif annexé au décret du 15 février 1854 portant réorganisation en une seule compagnie des compagnies de gendarmes vétérans. (V. le 5e volume du *Mémorial de la Gendarmerie.*)

Il est alloué une somme de 40 *francs* destinée à former la masse individuelle de chaque sous-officier, brigadier et gendarme passant dans les compagnies de vétérans, et les conseils d'administration des corps ou compagnies qu'ils quittent sont autorisés à prélever cette somme sur la masse d'entretien et de remonte, sans décision préalable du ministre.

Aux termes de la circulaire ministérielle du 28 septembre 1847, qui n'est point abolie par le décret du 30 mars 1853, les sous-officiers de gendarmerie sont admis dans les compagnies de sous-officiers vétérans, les brigadiers et gendarmes dans la compagnie de fusiliers vétérans. Mais, comme le nombre de ces compagnies de vétérans de l'armée est considérablement diminué, les vacances dont on peut disposer en faveur de la gendarmerie sont très-rares; cependant le droit subsiste.

Les officiers ne peuvent être admis dans la compagnie de gendarmes vétérans que lorsqu'il y existe des vacances de leur grade. Quant aux sous-officiers et brigadiers, ils y sont admis en qualité de simple gendarme, en attendant une vacance de leur grade. (*Voir le décret des 30 mars 1853, 15 février et 1er mars 1854, et la circulaire du 28 septembre 1847 au Mémorial de la Gendarmerie.*)

N° 40.

DEMANDE pour être admis à la retraite.

—

A Son Excellence
Monsieur le Ministre de la guerre.

Monsieur le Ministre,

Le soussigné a vingt-cinq ans révolus de service militaire; il désire être admis à la retraite pour cause d'ancienneté de service.

(Ou bien)

Par suite des blessures qu'il a reçues (*ou des infirmités dont il est atteint et qu'il a contractées au service militaire*), le soussigné se trouve dans l'impossibilité de continuer l'exercice de ses fonctions, et désire être admis à la retraite.

Il se propose de fixer sa résidence et de jouir de sa pension à... département de..., et il prie votre Excellence de vouloir bien prendre en considération les droits qu'il a à cette récompense et d'agréer l'hommage de son profond respect.

(Ici la signature.)

(Indiquer au bas ses prénoms, le grade du demandeur, les décorations qu'il possède et la brigade dont il fait partie.)

A..., le... 18...

Pièces accompagnant cette demande :

1°..

2°...

Nota. Le droit à la pension de retraite par ancienneté pour les sous-officiers, brigadiers, caporaux et soldats est acquis à vingt-cinq ans accomplis de service.

Lors même qu'ils auraient atteint *vingt-cinq ans de services effectifs,* pour être admis à faire valoir leurs droits à la retraite, les sous-officiers, brigadiers et gendarmes qui désirent quitter le service doivent absolument attendre, pour se retirer dans leurs foyers, qu'il ait été statué sur leur demande et qu'il leur ait été remis un titre de libération régulier. En agissant autrement, ils s'exposent à être déclarés déserteurs à l'intérieur et poursuivis comme tels, par application de l'art. 578 du décret du 1er mars 1854. (*Art.* 36, *même décret.*)

Les militaires de la gendarmerie qui ont quitté leur poste sans autorisation et qui ne l'ont pas rejoint dans les deux jours de leur disparition, sont réputés déserteurs et poursuivis comme tels, lors même qu'ils ont accompli le temps de service voulu pour la loi de recrutement. (*Art. 578 du décret du* 1er *mars* 1854.)

Les officiers, sous-officiers, brigadiers et gendarmes qui sont en congé ou aux hôpitaux externes, lors de la notification des décrets ou décisions pour leur admission à la pension de retraite ou aux invalides, sont rappelés de leur solde, dont le paiement est fait jusqu'au jour inclus de leur radiation des contrôles des corps ou compagnies.

Lors de leur revue annuelle, les chefs de légion proposent pour la retraite les gendarmes, brigadiers et sous-officiers qui, soit pour cause d'infirmités ou d'ancienneté de service, soit à raison de leur âge et de leurs droits acquis, paraissent devoir être l'objet de cette récompense.

Les militaires qui n'ont pas le nombre d'années de service exigées, sous le rapport des infirmités donnant droit à la pension, sont portés sur un état particulier, s'ils n'ont plus les moyens d'activité nécessaires pour remplir leurs fonctions.

Des certificats de bonne conduite sont délivrés, s'il y a lieu, en même temps que les congés absolus, aux sous-officiers, brigadiers et gendarmes qui ont été admis à la pension de retraite.

Les militaires admis à la retraite ont une double indemnité de route pour se rendre dans leurs foyers.

A l'appui de la demande, il y a lieu de joindre les *états de service* du demandeur et l'annotation des décorations françaises et étrangères obtenues, etc., etc.

Aux termes de la loi du 26 avril 1855, le droit à la retraite pour ancienneté est acquis à vingt-cinq ans de service effectif. Les années comptent à partir de l'an où l'on a **pu contracter un engagement volontaire. Tous** les services dans la marine sont comptés. Les services civils reconnus sont comptés également et concourent avec les services militaires, si la durée de ces derniers est au moins de vingt ans.

Est compté pour la retraite pour la totalité en sus de sa durée effective, le service fait : 1º sur le pied de guerre; 2º dans un corps d'armée occupant un territoire étranger, en temps de paix ou de guerre; 3º à bord, pour les troupes embarquées en temps de guerre maritime; 4º hors d'Europe en temps de paix pour les militaires envoyés d'Europe. Le même service, en temps de guerre, est compté pour le double en sus de la durée effective ; le temps de captivité à l'étranger des militaires prisonniers de guerre est compté de la même manière. — Est compté pour moitié en sus de la durée effective : 1º le service militaire sur la côte, en temps de guerre maritime ; 2º le service militaire à bord, pour les troupes embarquées en temps de paix.

Les campagnes qui ont duré moins de douze mois sont comptées pour une année; il ne peut être compté plus d'une année de campagne en douze mois. La fraction en sus d'une année est comptée comme année entière.

Les blessures graves et incurables donnent droit à la pension, si elles proviennent d'événements de guerre ou d'un service commandé. Les infirmités donnent le même droit lorsqu'elles proviennent de fatigues ou de dangers du service.

Les blessures ou infirmités donnent un droit immédiat à la pension, s'il en est résulté cécité, amputation ou perte absolue de l'usage d'un membre. Dans des cas moins graves, elles n'y donnent droit que lorsqu'elles mettent le militaire qui en est atteint hors d'état de servir et de pourvoir à sa subsistance.

Les pensions au profit des veuves et des orphelins de militaires sont du quart de celles des maris et pères.

Le militaire doit demander sa retraite avant de quitter le service; s'il est atteint de la perte absolue de l'usage d'un membre, il a un an pour présenter sa demande. Ce délai court du jour de la cessation d'activité; il est porté à deux ans s'il y a une amputation d'un membre ou perte totale de la vue.

La veuve et les orphelins ont six mois, à partir du décès de leur mari et père, pour réclamer la pension; mais si le mari blessé meurt après avoir obtenu guérison suffisante pour reprendre son service ou une année révolue après la blessure, la veuve et les orphelins n'ont droit à aucune pension. (*Manuel des pensions.*)

N° 41.

DEMANDE pour être autorisé à rentrer immédiatement dans ses foyers, en attendant la liquidation de sa retraite.

—

A Son Excellence
Monsieur le Ministre de la guerre.

Monsieur le Ministre,

Lors de l'inspection générale de 18..., le soussigné a été proposé pour être admis à la retraite.

Sa mauvaise santé faisant obstacle à ce qu'il puisse continuer son service actuel, jusqu'à ce qu'il ait été statué sur la proposition dont il a été l'objet (*ou se trouvant en position d'occuper un emploi de...*), il a l'honneur de prier votre Excellence d'avoir la bonté de l'autoriser à se retirer dans ses foyers à... département de..., pour y attendre la liquidation de sa pension.

Veuillez agréer, Monsieur le Ministre, l'hommage de mon respect.

(Ici la signature.)

(Indiquer au bas ses prénoms, le grade du demandeur, les décorations qu'il possède et la brigade dont il fait partie.)

A..., le... 18...

Pièces accompagnant cette demande :

1º...
2º...

———

NOTA. Les sous-officiers, brigadiers et gendarmes qui, ayant accompli les vingt-cinq ans de service exigés par la loi du 26 avril 1855, sont en instance pour la retraite, peuvent, sur leur demande, être autorisés par le ministre de la guerre à se retirer dans leurs foyers, pour y attendre la fixation de leur pension. (*Art.* 42 *du décret du* 1er *mars* 1854.)

Ils cessent d'avoir droit à toute espèce de solde, et l'entrée en jouissance de la pension remonte au jour de la cessation d'activité.

N° 42.

Démission des militaires de la gendarmerie.

—

A Son Excellence
Monsieur le Ministre de la guerre.

Monsieur le Ministre,

Le soussigné n'étant plus lié au service, ne devant rien à la caisse de sa compagnie et désirant se retirer dans ses foyers, a l'honneur d'adresser à votre Excellence sa démission par écrit, dans les termes indiqués à l'art. 32 du décret du 1er mars 1854.

(Indiquer ici l'exposé des motifs de la démission. — Les apostilles des chefs sont apposées en marge de cette lettre d'envoi.)

Il prie votre Excellence de vouloir bien l'accepter et d'agréer l'hommage de son profond respect.

(Ici la signature.)

(Indiquer au bas les prénoms, le grade du démissionnaire, les décorations qu'il possède et la brigade dont il fait partie.)

———

Nota. La démission doit être formulée dans les termes suivants et entièrement séparée de cette lettre d'envoi. Elle ne doit être ni précédée ni suivie d'aucun texte. *(Instruction sur les revues.)*

« *Je soussigné..., à la résidence de..., compagnie*
« *d..., offre ma démission du grade et de l'emploi*
« *dont je suis pourvu dans l'armée et dans la gendar-*
« *merie. Je déclare, en conséquence, renoncer volon-*
« *tairement à tous les droits acquis par mes services*
« *et demande à me retirer à.... départemement d...*
« *A..., le... 18... »*

Cette démission ainsi formulée est écrite sur papier tellière de 32 centimètres de hauteur et de 22 de largeur, avec une marge de 8 centimètres, qui porte en inscriptions marginales la légion, la compagnie, l'arrondissement et la brigade du démissionnaire. (*Nomenclature des modèles du décret du* 1er *mars* 1854.)

La lettre d'envoi au ministre est écrite sur du papier de même dimension. Elle contient, soit en marge, soit au-dessous de la lettre, l'apostille des chefs sur l'exposé des motifs de la démission.

Les militaires de la gendarmerie qui ne sont plus liés au service peuvent offrir leur démission à l'époque des revues. Ces demandes sont examinées par l'inspecteur général et transmises au ministre de la guerre, qui prononce définitivement.

Toutefois, si, dans l'intervalle des inspections, quelques-uns de ces militaires justifient que de puissants motifs les forcent à se retirer de la gendarmerie, leurs demandes sont transmises par le chef de légion ou de corps, avec les observations de cet officier supérieur. Le ministre accepte les démissions s'il y a lieu.

Dans aucun cas, il ne peut être donné suite à une demande de démission formée par un militaire qui se trouve débiteur envers la caisse du corps auquel il appartient. (*Art.* 31 *du décret du* 1er *mars* 1854.)

Il est accordé par le ministre de la guerre aux sous-officiers, brigadiers et gendarmes démissionnaires, des certificats d'*acceptation de démission*. (*Art.* 33 *du décret du* 1er *mars* 1854.)

Les hommes encore liés au service au moment de leur admission et qui demandent à quitter la gendarmerie dans les *six mois* qui suivent leur libération, n'ont droit qu'à des congés définitifs du service de la gendarmerie.

Ceux qui ont été admis dans l'arme après libération du service et qui donnent leur démission dans les six mois de leur admission, sont rayés purement et simplement des contrôles. Il leur est délivré par le conseil d'administration du corps ou de la compagnie un certificat constatant la durée de leur présence dans l'arme. (*Art.* 34 *du décret du* 1er *mars* 1854.)

Des certificats de bonne conduite sont accordés directement par le ministre aux militaires de l'arme. Ces certificats sont de deux modèles (n°s 1 et 2), suivant la nature du témoignage de satisfaction que les hommes ont mérité. Mais il est formellement interdit aux conseils d'administration ainsi qu'à tout commandant de compagnie, d'arrondissement ou de brigade, de jamais délivrer aux hommes démissionnaires ou congédiés aucune attestation particulière de bon service ou de moralité, sous quelque forme et en quelques termes que ce soit. (*Art.* 35 *du décret du* 1er *mars* 1854.)

En tout état de choses, les militaires de l'arme qui désirent quitter le service doivent absolument attendre, pour se retirer dans leurs foyers, qu'il ait été statué sur leur demande et qu'il leur ait été remis un titre de libération régulier. En agissant autrement, ils s'exposent à être déclarés déserteurs à l'intérieur et poursuivis comme tels par application de l'art. 578 du même décret du 1er mars 1854, dont la teneur suit :

« Les militaires de la gendarmerie qui n'ont pas rejoint leur poste dans les dix jours qui suivent l'expiration de leurs congés ou permissions et ceux qui, ayant quitté leur poste sans autorisation, ne l'ont pas rejoint dans les *deux jours* de leur disparition, sont *réputés déserteurs* et poursuivis comme tels, lors même qu'ils ont accompli le temps de service voulu par la loi de recrutement. » (*Art.* 578 *du décret du* 1er *mars* 1854.)

Un sous-officier, brigadier ou gendarme démissionnaire qui a obtenu un certificat de bonne conduite avant de quitter l'arme, peut y rentrer plus tard, si, d'ailleurs, il est dans les conditions d'âge voulues et si sa bonne conduite hors de l'arme est certifiée par les autorités locales, et surtout s'il est redemandé par ses anciens chefs. (*Observations*.)

SECONDE PARTIE.

----◇----

Militaires retraités de la Gendarmerie
ou sur le point de l'être,
ou ayant quitté l'arme par démission.

OBSERVATIONS SPÉCIALES.

—

Les pétitions ou demandes comprises dans la seconde partie doivent, lorsqu'elles sont adressées à des personnes revêtues d'un caractère officiel, comme les Ministres, les Préfets, les autorités constituées, être rédigées sur papier timbré, en exécution de la loi du 13 brumaire an VII.

On emploiera donc une feuille double de papier timbré, et on suivra, quant à la disposition de la demande, les indications données par le protocole général ci-après.

Les demandes adressées à des personnes non revêtues d'un caractère officiel, comme les directeurs des administrations particulières, des chemins de fer, seront écrites sur papier format tellière non timbré.

Les pétitions doivent être aussi courtes que possible; les faits avancés seront attestés par des pièces émanant d'une autorité légale ou de notabilités prépondérantes; cependant, comme ces pièces peuvent être utiles au pétitionnaire, il peut, au lieu de s'en dessaisir, joindre à sa demande des copies, certifiées conformes par le maire de sa commune, des originaux qu'il garde en sa possession.

Les pièces à joindre sont à peu près les mêmes dans tous les cas, et le protocole général indique celles qui sont les plus habituelles; le pétitionnaire retranchera celles qu'il croirait inutile de mettre à l'appui de sa demande et ajoutera au contraire tout ce qui pourra éclairer sur ses droits à la position qu'il sollicite.

PROTOCOLE GÉNÉRAL

COMMUN A TOUTES LES PÉTITIONS

QUI DOIVENT ÊTRE ÉCRITES

PAR LES POSTULANTS EUX-MÊMES.

(Espace en blanc de 4 centimètres.)

A **Monsieur** (*le titre honorifique: prince, duc, marquis. comte ou baron, puis le nom. Si la personne est revêtue d'un emploi, indiquer à la suite le titre de l'emploi : ministre , sénateur , député , conseiller d'État, préfet, sous-préfet, maire, etc., etc.*)

(Espace en blanc de 4 centimètres.)

Monsieur (*le titre honorifique ou le titre de l'emploi.*

(Espacé en blanc de 4 centimètres.)

X.... (*prénoms, grade ; indiquer si le postulant est décoré de la croix de la Légion d'honneur, de la médaille militaire ou d'autre insigne d'honneur; enfin, sa demeure*).

Ayant... années de service... campagnes... blessures; jouissant actuellement d'une pension de retraite de... *ou proposé pour la retraite... ou démission-naire ou congédié* sans retraite, né à.... (*commune, département*) le... (*indiquer s'il est célibataire, veuf ou marié, sans enfants* ou *le nombre de ses enfants*),

A l'honneur de vous prier de... (*voir ci-après la demande de la place qu'on désire*).

Vous trouverez dans les pièces ci-jointes, au nombre de... les motifs militant en sa faveur sous les rapports de ses anciens services, des insignes d'honneur qu'il possède, des récompenses dont il a été l'objet, de sa moralité, de son instruction, des ressources qu'il peut avoir et de sa position physique et sociale. Il espère que ces renseignements attireront sur lui votre bienveillance et votre justice.

Daignez, Monsieur (*le titre comme on l'a mis en vedette*) agréer l'hommage de son profond respect.

(*Ici la signature.*)

A..., le.... 18...

PIÈCES JOINTES A L'APPUI DE LA DEMANDE

DES POSTULANTS.

1° Son acte de naissance dûment légalisé;

2° Copie, certifiée par M. le maire de sa commune, de son congé, mentionnant ses services, et des divers certificats qui lui ont été délivrés pendant sa carrière militaire, ou qu'il a reçus depuis;

3° Copie, également certifiée par le maire, de ses brevets de la Légion d'honneur, de la médaille militaire ou civile, et d'autres brevets lui conférant des insignes d'honneur;

4° Un certificat du maire de la commune où il est domicilié attestant sa moralité; il indiquera s'il est célibataire, veuf ou marié, le nombre de ses enfants, les ressources qu'il peut avoir ou qu'il aura, son instruction, son intelligence et sa position physique et de famille ; ce certificat est absolument indispensable ;

5° Etc., etc.

NOTA. Ce protocole général peut servir à toutes les pétitions ; il est plutôt un jalon de direction forçant la mémoire à ne rien oublier, qu'un obstacle à une nouvelle rédaction, qui est laissée entièrement à la volonté du solliciteur.

Nº 43.

Demande pour être nommé gardien d'une maison d'arrêt ou d'une prison départementale.

—

> A Monsieur (*le titre honorifique*),
> Préfet de....
>
> Monsieur le Préfet,
>
> (*Suivre le protocole général.*)

....

A l'honneur de vous prier de le nommer gardien de la maison d'arrêt de...., la place étant vacante en ce moment (*ou la place étant sur le point d'être vacante*), *ou* gardien d'une prison dans le ressort de votre département.

Vous trouverez, etc. (*suivre le protocole général jusqu'à la fin ; ajouter au bas de la signature la nomenclature des pièces qui doivent accompagner la demande*).

————

Nota. Aux termes du décret impérial du 25 mars 1852, MM les préfets nomment directement, sans l'intervention du gouvernement et sur la présentation des divers chefs de service, aux emplois de gardien des maisons d'arrêt et des prisons départementales.

Nº 44.

DEMANDE d'un emploi de directeur ou d'agent dans un dépôt de mendicité.

—

A Monsieur *(le titre honorifique)*,

Préfet de...

Monsieur le Préfet,

(Suivre le protocole général.)

. . . .

A l'honneur de vous prier de vouloir bien le nommer directeur (*ou* chef d'atelier, *ou* agent) dans un des dépôts de mendicité de votre département.

Vous trouverez, etc. (*suivre le protocole général jusqu'à la fin ; ajouter au bas de la signature la nomenclature des pièces qui doivent accompagner la demande*).

———

NOTA. Le préfet nomme directement, sans présentation, les directeurs de ces établissements ; mais avant d'adresser une demande au préfet d'un emploi de chef d'atelier ou d'agent dans un dépôt de mendicité, il convient de s'assurer de l'assentiment du chef de l'établissement.

Les officiers de gendarmerie sollicitant un emploi de directeur, et les sous-officiers et gendarmes retirés du service qui réunissent les conditions nécessaires pour remplir les fonctions de chefs d'atelier ou d'agents de dépôts de mendicité, doivent être choisis de préférence pour remplir ces emplois. (*Décret impérial du 8 mars 1811.*)

Nº 45.

DEMANDE pour être nommé vérificateur des poids et mesures.

—

A Monsieur (*le titre honorifique*),
Préfet de....

Monsieur le Préfet,

(*Suivre le protocole général.*)

. . . .

A l'honneur de vous prier de vouloir bien le nommer vérificateur des poids et mesures dans la circonscription de votre département, à... où la place est (*ou va se trouver*) vacante, *ou* lorsqu'il se présentera une place vacante.

Vous trouverez, etc. (*suivre le protocole général jusqu'à la fin; ajouter ensuite au bas de la signature la nomenclature des pièces qui doivent accompagner la demande*).

—

NOTA. Conformément aux dispositions de l'arrêté du ministre de l'agriculture et du commerce, en date du 30 août 1839, il y a un seul vérificateur des poids et mesures par arrondissement.

Les connaissances requises pour cet emploi sont :

1º Le système décimal tout entier;

2º La géométrie, en ce qu'elle a rapport aux angles, triangles, mesures de surfaces planes, droites et courbes, l'évaluation d'un corps déterminé par ses surfaces plates ou cylindriques.

La théorie de toutes balances en usage dans le commerce.

La physique, en ce qui est relatif à la température, au

thermomètre, au baromètre, à la pesanteur spécifique des corps.

La chimie, en ce qu'elle fait apprécier l'érosion ou le résultat de l'oxidation des métaux employés à la confection des poids, balances et mesures.

Ces diverses connaissances sont l'objet d'un examen que l'aspirant doit subir à Paris, au ministère de l'agriculture et du commerce, et ailleurs au chef-lieu du département.

Aux termes du décret du 25 mars 1852, la nomination aux emplois de vérificateurs des poids et mesures est dans les attributions des préfets.

N° 46.

Demande pour être nommé receveur municipal.

—

A Monsieur (*le titre honorifique*),
Préfet d.....

Monsieur le Préfet,

(*Suivre le protocole général.*)

. . . .

A l'honneur de vous prier de vouloir bien lui accorder la place de receveur municipal de la ville de..... où la place est vacante (*ou* où la place est sur le point de devenir vacante).

Vous trouverez, etc. (*suivre le protocole général jusqu'à la fin; ajouter ensuite au bas de la signature la nomenclature des pièces qui doivent être jointes à la pétition*).

———

Nota. La nomination des receveurs municipaux des villes dont les revenus ne dépassent pas trois cents mille francs sont à la nomination du préfet.

Le conseil municipal a le droit de présentation des candidats à la nomination des préfets; cette présentation offre de grandes chances de réussite.

Les membres de la gendarmerie ont également droit à être nommés receveurs des établissements de bienfaisance, sur la présentation des commissions administratives. (*Décret du 25 mars* 1852.)

N° 47.

DEMANDE pour être nommé percepteur des contributions directes.

—

A Son Excellence
Monsieur le Ministre des finances.

Monsieur le Ministre,

(*Suivre le protocole général.*)

. . . .

A l'honneur de vous prier de vouloir bien le nommer percepteur des contributions directes dans le département d.... *ou* dans tout autre département où il y aura une place vacante.

Vous trouverez, etc. (*suivre le protocole général jusqu'à la fin ; ajouter au bas de la signature la nomenclature des pièces qui doivent accompagner la demande*).

———

NOTA. Bien que la perception des contributions directes soit régie actuellement par une administration spéciale ayant des règles d'avancement et des surnuméraires attendant les places vacantes de perception, le gouvernement s'est réservé un certain nombre d'emplois en dehors de cette nouvelle organisation pour ne pas abroger entièrement les généreux bienfaits du décret du 8 mars 1811 ; en conséquence, M. le ministre des finances a le droit de nommer directement un percepteur, sous présentation, parmi les postulants civils n'ayant pas plus de cinquante ans, et des militaires retirés du service n'en ayant pas plus de cinquante-cinq. (*Décret du 30 avril 1850.*)

Il en est de même pour les recettes particulières, que Son Excellence peut donner aux officiers de gendarmerie.

La nomination, dans ce cas, aurait toutes les chances de succès auprès du ministre des finances, si le postulant obtenait d'avance l'assentiment du préfet et du receveur général du département où il désire obtenir cet emploi.

Nº 48.

Demande pour obtenir un débit de poudre à feu.

—

A Monsieur (*le titre honorifique*),
Préfet de......

Monsieur le Préfet,

(*Suivre le protocole général.*)

....

A l'honneur de solliciter de votre bienveillance un débit de poudre à feu à..... en ce moment vacant (*ou sur le point d'être vacant, ou* un dépôt de poudre à feu dans quelque lieu que ce soit de votre département).

Vous trouverez, etc. (*suivre le protocole général jusqu'à la fin; ajouter ensuite au bas de la signature la nomenclature des pièces qui doivent accompagner la demande*).

———

Nota. Aux termes du décret du 25 mars 1852, MM. les préfets nomment, sans l'intervention du gouvernement et sur la présentation des chefs de service, les débitants de poudre à feu.

Le directeur des contributions indirectes est chef de service de cette administration, et il y a lieu de solliciter d'être présenté par lui à la nomination de M. le préfet.

Nº 49.

DEMANDE pour un débit de tabac.

—

Si le produit ne dépasse pas 1,000 fr., s'adresser au préfet du département. — Si le produit est supérieur, il faut adresser la demande au ministre des finances.

A Monsieur (*le titre honorifique*),

Préfet de...... (*ou Ministre des finances*),

Monsieur le Préfet (*ou Monsieur le Ministre*),

(*Suivre le protocole général.*)

. . . .

A l'honneur de vous demander un débit de tabac dans le ressort de votre département, ou à .... (*indiquer la vacance du débit*). *Si c'est au ministre des finances* : a l'honneur de vous prier de vouloir bien lui accorder un débit de tabac.

Vous trouverez, etc. (*suivre le protocole général jusqu'à la fin; ajouter ensuite au bas de la signature la nomenclature des pièces qui doivent accompagner la demande*).

———

NOTA. Le décret impérial du 25 mars 1852 autorise les préfets à nommer directement, et sur la présentation des chefs de service, les titulaires de débits de tabacs simples dont le produit ne dépasse pas 1,000 fr.

Ce décret confère aux chefs de service le droit de présenter les candidats à la nomination des préfets.

Les chefs de service, en ce qui concerne les débits de tabac, sont les directeurs des contributions indirectes.

Avant qu'un membre de la gendarmerie adresse sa demande au préfet, il lui importe de s'être assuré qu'il sera présenté par le directeur des contributions indirectes du département où se trouve situé le bureau de tabac demandé.

Lorsque l'objet de la pétition est un bureau de tabac dont le produit excède 1,000 fr., ce n'est pas au préfet qu'il faut s'adresser, mais au ministre des finances, à qui seul appartient la nomination de ces débits importants.

Les militaires de la gendarmerie retraités ou proposés pour la retraite ont droit de concourir à ces places. (*Art.* 7 *du décret du* 8 *mars* 1811.)

Les veuves et orphelins des militaires morts en activité de service concourent également pour obtenir un débit de tabac au-dessous de 1,500 fr. (*Art.* 6 *du décret du* 8 *mars* 1811 *precité.*)

N° 50.

DEMANDE pour être nommé préposé des octrois d'une ville.

—

A Monsieur (*le titre honorifique*),
Préfet de......

Monsieur le Préfet,

(*Suivre le protocole général.*)

....

A l'honneur de vous prier de vouloir bien le nommer préposé de l'octroi de la ville de...... ou de toute autre ville de votre département (*ou* d'une ville de votre département).

Vous trouverez, etc., etc. (*suivre le protocole général jusqu'à la fin; ajouter au bas de la signature la nomenclature des pièces qui doivent accompagner la pétition*).

———

NOTA. Aux termes du décret impérial du 25 mars 1852, MM. les préfets nommeront directement les préposés en chef des octrois de villes, sur la présentation des chefs de service.

Les préposés d'octrois sont nommés sur la présentation du maire.

Les militaires de la gendarmerie en retraite ont droit de concourir à ces places. (*Art.* 4 *du décret du* 8 *mars* 1811.)

N° 51.

DEMANDE d'un bureau de poste aux lettres.

A Monsieur (*son titre honorifique*),
Préfet de......

Monsieur le Préfet,

(*Suivre le protocole général.*)

....

A l'honneur de vous prier de vouloir bien lui accorder un des bureaux de poste aux lettres de (*désigner la résidence*), qui est vacant en ce moment (*ou sur le point d'être vacant*).

Vous trouverez, etc., etc. (*suivre le protocole général jusqu'à la fin ; ajouter ensuite au bas de la signature la nomenclature des pièces qui doivent accompagner la demande*).

NOTA. La présentation des candidats à la direction d'un bureau de poste aux lettres dont le produit n'excédera pas *mille francs* est réservée aux chefs de service.

Il est nécessaire que le postulant fasse des démarches auprès de l'inspecteur des postes du département pour obtenir d'être présenté à la nomination du préfet.

Lorsque le bureau est d'un produit de plus de 1,000 fr.. la demande doit être adressée au ministre des finances qui, seul, nomme à ces bureaux importants.

Les règlements exigent que le postulant ne soit pas âgé de plus de 35 à 40 ans. Il est soumis à un examen de capacité devant les employés supérieurs des postes. (*Décret du 25 mars 1852.*)

N° 52.

Demande pour être nommé facteur de la poste aux lettres.

A Monsieur (*le titre honorifique*),

Préfet de......

Monsieur le Préfet,

(*Suivre le protocole général.*)

. . . .

A l'honneur de vous prier de vouloir bien le nommer facteur de la poste aux lettres de...... ou dans quelque lieu que ce soit de votre département.

Vous trouverez, etc. (*suivre le protocole général jusqu'à la fin; ajouter ensuite au bas de la signature la nomenclature des pièces qui doivent accompagner la demande*).

Nota. Le décret du 25 mars 1852 confère à MM. les préfets le droit de nommer directement les facteurs de la poste aux lettres, sur les présentations qui leur sont faites par les chefs de service. Il convient donc que le postulant s'adresse d'abord au directeur du bureau dans l'étendue duquel il désire être nommé facteur.

Si cette demande est agréée et adressée par M. le directeur au préfet du département, elle aura grande chance de succès.

Les militaires de la gendarmerie retraités ou proposés pour la retraite ont droit à concourir à ces places. (*Art.* 7 *du décret du 8 mars* 1811.)

Nº 53.

Demande pour être nommé distributeur de lettres.

—

A Monsieur (*le titre honorifique*),
Préfet de......

Monsieur le Préfet,

(*Suivre le protocole général.*)

. . . .

A l'honneur de vous prier de le nommer distributeur de lettres à...... (*ou* dans quel lieu que ce soit de votre département).

Vous trouverez, etc. (*suivre le protocole général jusqu'à la fin; ajouter après la signature la nomenclature des pièces qui doivent accompagner la demande*).

———

Nota. Les distributeurs de lettres sont nommés par le préfet, sur la présentation des inspecteurs des postes. (*Decret du 25 mars 1852.*)

Nᵒ 54.

Dᴇᴍᴀɴᴅᴇ pour être nommé garde forestier des communes et des établissements publics.

—

A Monsieur (*le titre honorifique*),

Préfet de......

Monsieur le Préfet,

(*Suivre le protocole général.*)

....

A l'honneur de vous prier de vouloir bien le nommer garde forestier à... (*ou* dans le ressort de votre département).

Vous trouverez, etc. (*suivre le protocole général jusqu'à la fin; ajouter au bas de la signature la nomenclature des pièces qui doivent accompagner la demande*).

———

Nᴏᴛᴀ. La nomination des gardes forestiers des départements, des communes et des établissements publics appartient aux préfets, sur la présentation des chefs de service. (*Décret du 25 mars 1852.*)

Avant d'adresser une pétition au préfet du département où l'on demande à être employé comme garde forestier, il convient de s'assurer de l'assentiment et de la présentation du conseil municipal, s'il s'agit des bois d'une commune; s'il s'agit d'un hospice ou de tout autre établissement public, il faut être appuyé par le conseil d'administration.

M. le préfet nomme, sur la présentation des conservateurs des forêts du département, les militaires de la gendarmerie retraités ou proposés pour la retraite, lesquels sont aptes à concourir de préférence pour ces emplois. (*Art. 4 du décret du 8 mars 1811.*)

N° 55.

DEMANDE pour être nommé garde champêtre.

—

A Monsieur (*le titre honorifique*),
Préfet de........

Monsieur le Préfet,

(*Suivre le protocole général.*)

. . . .

A l'honneur de vous prier de vouloir bien le nommer garde champêtre de la commune de....., où la place est vacante (*ou* sur le point d'être vacante, *ou* dans votre département).

Vous trouverez, etc. (*suivre le protocole général jusqu'à la fin; ajouter au bas de la signature la nomenclature des pièces qui doivent accompagner la demande*).

———

NOTA. Le décret du 25 mars 1852 attribue aux préfets la nomination des gardes champêtres des communes, sur la présentation du maire.

Les places de gardes champêtres sont données aux sous-officiers et gendarmes sachant lire et écrire, retirés du service et qui auront satisfait aux conditions nécessaires pour remplir ces fonctions. (*Art. 4 du décret impérial du 8 mars 1811.*)

Nº 56.

DEMANDE pour être nommé commissaire de police.

—

NOTA. Si c'est dans un canton ou dans une ville au-dessous de 6,000 âmes.

A Monsieur (*le titre honorifique*),
Préfet de......

Monsieur le Préfet,

NOTA. Si c'est dans une ville au-dessus de 6,000 âmes,

A Monsieur (*le titre honorifique*),
Ministre de l'intérieur.

Monsieur le Ministre,

(*Suivre le protocole général.*)

. . . .

A l'honneur de vous prier de vouloir bien le nommer commissaire de police à...... (*ou dans une ville ou dans un canton de votre administration*).

Vous trouverez, etc. (*suivre le protocole général jusqu'à la fin ; ajouter au bas de la signature la nomenclature des pièces qui doivent accompagner la demande*).

———

NOTA. Le décret du 25 mars 1852 confère aux préfets la nomination directe aux fonctions de commissaire de police des villes de 6,000 âmes et au-dessous : les préfets nomment à ces fonctions même sans présentation des maires. Les commissaires de police des villes au-dessus de 6,000 âmes reçoivent leur nomination du ministre de l'intérieur.

Le gouvernement désire que les candidats à ces fonctions soient des hommes d'une excellente moralité, dévoués d'une manière absolue à l'Empereur, d'une probité sévère, intelligente, énergique et calme, et dont les antécédents soient un titre à la confiance des populations. Aussi veut-il que ces fonctions soient conférées aux officiers, sous-officiers, brigadiers et gendarmes qui abandonnent, quoique valides, le service actif, joignant à de bons antécédents un courage éprouvé, le sentiment de la discipline et de la hiérarchie, l'expérience parfaite de l'esprit des villes et des campagnes.

(*Circulaire du ministre de la police générale du 23 novembre 1852, et du ministre de la guerre du 4 décembre suivant.*)

Nº 57.

Demande pour être cantonnier du service des routes.

—

A Monsieur (*le titre honorifique*),
Préfet de.......

Monsieur le Préfet,

(*Suivre le protocole général.*)

. . . .

A l'honneur de vous prier de vouloir bien le nommer cantonnier sur la route impériale de...... (*ou sur une route impériale de votre département*).

Vous trouverez, etc. (*suivre le protocole général jusqu'à la fin; ajouter au bas de la signature la nomenclature des pièces qui doivent accompagner la demande*).

———

Nota. Le décret du 25 mars 1852 attribue à MM. les préfets, sur la présentation des chefs de service, la nomination de cantonnier du service des routes. Il convient donc de s'assurer de la présentation de l'ingénieur ou du sous-ingénieur sous les ordres duquel on demande à être cantonnier, avant de présenter sa demande au préfet.

Nº 58.

Demande pour être nommé garde de la navigation.

—

A **Monsieur** (*le titre honorifique*),
Préfet de. . . . . . .

Monsieur le Préfet,

(*Suivre le protocole général.*)

. . . .

A l'honneur de vous prier de vouloir bien le nommer garde de la navigation à. . . . (*ou* dans le ressort de votre département).

Vous trouverez, etc. (*suivre le protocole général jusqu'à la fin; ajouter au bas de la signature la nomenclature des pièces qui doivent accompagner la demande*).

———

Nota. Aux termes du décret du 25 mars 1852, MM. les préfets nomment directement et sur la présentation des chefs de service, les gardes de la navigation. Avant de s'adresser au préfet, il convient de s'assurer de l'assentiment des chefs de service de la navigation.

Les règlements prescrivent que le postulant soit âgé de vingt-un ans au moins et de trente ans au plus.

Les militaires de la gendarmerie ne peuvent donc concourir à ces emplois qu'en donnant leur démission de la gendarmerie.

C'est sur la présentation de l'ingénieur en chef du département que la nomination a lieu de la part du préfet.

Voir la demande à l'effet d'être nommé surveillant des quais, pontonnier, canotier, etc., du service des ports maritimes ou de commerce.

N° 59.

DEMANDE pour être nommé éclusier.

—

A Monsieur (*le titre honorifique*),
Préfet de.......

Monsieur le Préfet,

(*Suivre le protocole général.*)

....

A l'honneur de vous prier de vouloir bien le nommer éclusier à.... (*ou* à la première place vacante dans le ressort de votre département).

Vous trouverez, etc. (*suivre le protocole général jusqu'à la fin; ajouter au bas de la signature la nomenclature des pièces qui doivent accompagner la demande*).

———

NOTA. Aux termes du décret impérial du 17 août 1853, dans chaque service d'ingénieur en chef, les éclusiers sont partagés en trois classes, pour lesquelles le traitement annuel est fixé ainsi qu'il suit :

	1re catégorie.	2e catégorie.	3e catégorie.
1re classe. .	500	450	400
2e classe. .	450	400	350
3e classe. .	400	350	300

Les éclusiers à qui l'Etat ne fournit pas un logement reçoivent, en sus de leur traitement, une indemnité annuelle de 100 à 150 fr.

Lorsque plusieurs éclusiers sont attachés au service d'un même ouvrage, l'un d'eux porte le titre de chef. Il reçoit alors un supplément de traitement qui est fixé à 100 fr.

Les éclusiers sont nommés par le préfet, sur la proposition de l'ingénieur en chef ; ils sont choisis de préférence parmi les anciens militaires, parmi les agents secondaires des ponts et chaussées et parmi les ouvriers d'art.

Pour être nommé garde des ports et éclusier, il faut :

Être Français, âgé de vingt-un ans au moins et de quarante ans au plus, n'être atteint d'aucune infirmité qui s'oppose à un service actif et journalier, être porteur d'un certificat de bonnes vie et mœurs, et être en état de rédiger et d'écrire convenablement un procès-verbal. — La promotion des éclusiers à une classe supérieure est faite par le préfet, sur la proposition de l'ingénieur en chef.

N° 60.

DEMANDE pour être nommé gardien des phares.

—

A Monsieur *(le titre honorifique)*,
Préfet de.......

Monsieur le Préfet,

(Suivre le protocole général n° 1.*)*

. . . .

A l'honneur de vous prier de le nommer gardien des phares à...., la place étant vacante (*ou* la place étant sur le point d'être vacante), *ou* dans votre département.

Vous trouverez, etc. (*suivre le protocole général jusqu'à la fin; ajouter au bas de la signature la nomenclature des pièces qui doivent accompagner la demande*).

———

NOTA. Aux termes du décret impérial du 1er août 1853, le personnel des agents inférieurs du service des ponts et chaussées comprend les gardiens des phares et fanaux.

Le personnel des agents du service des phares et fanaux se compose de maîtres de phares et de gardiens. Le traitement des maîtres de phares est fixé à 900 fr.

Les gardiens sont divisés en six classes, pour lesquelles le traitement annuel est fixé ainsi qu'il suit :

1re classe	750 fr.
2e classe	675
3e classe	600
4e classe	525
5e classe	450
6e classe	375

Dans les phares où il existe plusieurs gardiens, l'un d'eux porte le titre de chef; il reçoit le traitement attaché à la classe dont il fait partie.

Les maîtres et gardiens des phares sont nommés par le préfet sur la proposition de l'ingénieur en chef. Pour être nommé gardien des phares, il faut :

Etre Français, âgé de vingt-un ans au moins et de quarante ans au plus, n'être atteint d'aucune infirmité qui s'oppose à un service actif et journalier, être porteur d'un certificat de bonnes vie et mœurs, savoir lire et écrire et posséder les premiers éléments de l'arithmétique.

Les gardiens de phares sont choisis de préférence parmi les anciens militaires des armées de terre et de mer.

Nº 61.

DEMANDE pour être nommé surveillant des quais, baliseur, barragiste, pontonnier, canotier du service des ports maritimes ou du commerce, garde de la navigation.

—

A Monsieur (*le titre honorifique*),
Préfet de.......

(*Suivre le protocole général.*)

. . . .

A l'honneur de vous prier de vouloir bien le nommer surveillant des quais (*ou* baliseur, barragiste, pontonnier, canotier du service des ports maritimes et de commerce ressortissant de votre surveillance administrative, garde de la navigation).

Vous trouverez, etc. (*suivre le protocole général jusqu'à la fin; ajouter au bas de la signature la nomenclature des pièces qui doivent accompagner la demande*).

———

NOTA. Le décret du 25 mars 1852 met à la nomination directe des préfets les fonctions de surveillant des quais, de baliseurs, barragistes, pontonniers, canotiers du service des ports maritimes ou de commerce, gardes de la navigation.

Ils doivent être présentés par l'ingénieur en chef.

Les règlements exigent que le postulant ne soit pas âgé de plus de quarante ans.

Nᵒ 62.

Dᴇᴍᴀɴᴅᴇ pour obtenir un bureau de débit de papier
timbré.

—

A Son Excellence

Monsieur le Ministre des finances (*ou* à Monsieur
(le titre honorifique), Préfet de...).

Monsieur le Ministre (*ou* Monsieur le Préfet),

(Suivre le protocole général.)

. . . .

A l'honneur de vous prier de vouloir bien lui accorder un bureau de papier timbré dont le produit dépasserait (*ou* ne dépasserait pas) 1,000 fr., dans la ville
de.... *ou* dans tout autre lieu de la France présen-
tant une vacance d'emploi.

Vous trouverez, etc. (*suivre le protocole général
jusqu'à la fin; ajouter au bas de la signature la
nomenclature des pièces qui doivent accompagner la
demande).*

—————

Nᴏᴛᴀ. — Les bureaux de débit de timbre dont le produit s'élève à plus de 1,000 fr. sont accordés par le
ministre des finances.

Ceux dont le produit est inférieur à 1,000 fr. sont donnés
directement par MM. les préfets.

La même rédaction de cette demande peut être adoptée
pour l'un et pour l'autre de ces hauts fonctionnaires.

Les militaires retraités ou sur le point de l'être, *ou* congédiés par démission, *ou* leurs veuves sont aptes à concourir à ces emplois. (*Décret du 8 mars 1811.*)

N° 63.

DEMANDE pour être nommé douanier.

—

A Son Excellence
Monsieur le Ministre des finances.

Monsieur le Ministre,

(Suivre le protocole général.)

A l'honneur de vous prier de vouloir bien le nommer à un emploi de douanier dans le département de....

Vous trouverez, etc. *(suivre le protocole général jusqu'à la fin; ajouter au bas de la signature la nomenclature des pièces qui doivent accompagner la demande).*

NOTA. Pour assurer la réussite de cette demande, il est utile de se mettre en rapport avec les employés supérieurs de la douane et de s'assurer de leur concours.

Les militaires de la gendarmerie retraités ou proposés pour la retraite sont aptes à concourir à cet emploi. *(Art. 4 du decret du 8 mars 1811.)*

N° 64.

Demande pour être nommé garde des châteaux impériaux.

—

A Son Excellence
Monsieur le Ministre d'État et de la Maison de
l'Empereur.

Monsieur le Ministre,

(Suivre le protocole général.)

....

A l'honneur de vous prier de le nommer garde du château impérial de... (*ou dans un château impérial*).

Vous trouverez, etc. (*suivre le protocole général jusqu'à la fin, ajouter au bas de la signature la nomenclature des pièces qui doivent accompagner la demande*).

———

Nota. On ne peut solliciter cet emploi sans être décoré de l'ordre de la Légion d'honneur.

La demande doit parvenir au ministre d'Etat par l'intermédiaire des commandants des châteaux, qui ont droit de la présenter en y joignant leur adhésion ; dans le cas contraire, il n'est donné aucune suite à la demande.

Pour être admis à cet emploi de confiance, il ne faut être atteint d'aucune infirmité qui s'oppose à un service actif et journalier, présenter des états de service irréprochables, avoir eu et avoir une conduite régulière, ce qui doit être certifié par un certificat des autorités locales. Savoir rédiger et écrire correctement, pouvoir offrir en même temps une excellente *tenue militaire*, et savoir allier, dans l'exécution du service, la politesse à la sévérité.

Nº 65.

Demande pour être nommé concierge d'un tribunal.

—

A Monsieur le Président du tribunal
de........

Monsieur le Président,

(*Suivre le protocole général.*)

....

A l'honneur de vous prier de vouloir bien le nommer concierge du tribunal.

Vous trouverez, etc. (*suivre le protocole général jusqu'à la fin; ajouter au bas de la signature la nomenclature des pièces qui doivent accompagner la demande*).

———

Nota. Les concierges des cours et tribunaux sont au choix et à la nomination de ces corps judiciaires, et ils sont rétribués par eux.

Les militaires de la gendarmerie disponibles sont choisis de préférence pour ces fonctions.

Nº 66.

Demande pour être nommé sergent de ville à Paris.

—

A Monsieur (*le titre honorifique*),
Préfet de police,

Monsieur le Préfet,

(*Suivre le protocole général.*)

. . . .

A l'honneur de vous prier de vouloir bien le nommer sergent de ville à Paris.

Vous trouverez, etc. (*suivre le protocole général jusqu'à la fin; ajouter au bas de la signature la nomenclature des pièces qui doivent accompagner la demande*).

———

Nota. Pour obtenir les fonctions de sergent de ville ailleurs qu'à Paris, il convient d'adresser la demande au maire de la commune, et la rédaction peut être la même.

Un militaire ayant séjourné longtemps à Paris, soit dans la garde de Paris, soit dans la gendarmerie de la Seine, est apte de préférence à remplir cet emploi, attendu que les devoirs de sergent de ville ne lui sont point étrangers.

N° 67.

DEMANDE pour être nommé gardien des monuments publics.

—

A son Excellence

Monsieur le Ministre des travaux publics (*ou* Ministre de l'intérieur, *ou* à Monsieur (*le titre honorifique*), Préfet de la Seine.

Monsieur le Ministre (*ou* Monsieur le Préfet),

(*Suivre le protocole général.*)

. . . .

A l'honneur de vous prier de vouloir bien le nommer gardien d'un monument public de..., ou de tout autre monument de votre ressort.

Vous trouverez, etc. (*suivre le protocole général jusqu'à la fin ; ajouter au bas de la signature la nomenclature des pièces qui doivent accompagner la demande*).

———

NOTA. Les règlements exigent que le postulant soit âgé de vingt-un ans au moins et de quarante ans au plus.

Les gardiens des monuments ou des établissements publics n'ont pas tous un traitement fixe et assuré.

Il existe trois classes de gardiens.

La première classe comprend les monuments du Panthéon, de la colonne de la place Vendôme, de l'arc de triomphe de la barrière de l'Étoile, de la colonne de Juillet, etc. : ces emplois sont conférés par M. le ministre des travaux publics. Les gardiens ne reçoivent pas de traitement, ils doivent se contenter de ce que veulent bien leur donner les visiteurs.

La seconde classe de gardiens dépend du ministre de

l'intérieur; ceux-là reçoivent un traitement fixe en rapport avec l'importance des monuments ou des établissements à la conservation desquels ils sont préposés, ce sont ceux du château et du jardin des Tuileries, du Luxembourg, des Champs-Elysées, du Jardin-des-Plantes, etc. Leurs émoluments sont de 800 fr. à 1,200 fr. par an.

Une troisième classe de gardiens se trouve dans les attributions du préfet du département de la Seine, ce sont ceux du port aux vins, du canal Saint-Martin, de la place Royale, des marchés, des cimetières, etc.; ils recoivent aussi un traitement qui s'élève graduellement de 800 fr. à 1,200 fr. Ces divers emplois sont accordés de préférence aux militaires qui sont membres de la Légion d'honneur. Il existe aussi un corps militaire de gardes de châteaux impériaux qui concernent le ministre d'Etat. (*Voir la demande pour être nommé garde des châteaux impériaux, au n° 64.*)

N° 68.

DEMANDE pour obtenir un emploi dans les haras.

—

A Son Excellence
Monsieur le Ministre de l'agriculture, du commerce
et des travaux publics.

Monsieur le Ministre,

(Suivre le protocole général.)

. . . .

A l'honneur de vous prier de vouloir bien lui accorder un emploi de directeur (*ou* surveillant, *ou* palefrenier, *ou* d'emploi comptable dans les haras de...., *ou* dans les haras de votre ressort).

Vous trouverez, etc. (*suivre le protocole général jusqu'à la fin; ajouter au bas de la signature la nomenclature des pièces qui doivent accompagner la demande*).

———

NOTA. Chaque haras est administré par un directeur, qui a sous ses ordres des employés qui sont comptables, surveillants ou palefreniers.

Trois haras sont établis en France, savoir :

Le premier aux Rosiers, département de Maine-et-Loire; le deuxième au Pin, département de l'Orne; le troisième à Pompadour, département de la Creuse.

En outre, dix-huit dépôts d'étalons ont été établis dans diverses localités; à ces dépôts sont attachés différents emplois qui peuvent également être obtenus par les membres de la gendarmerie. Cette formule peut être adaptée à tous les emplois.

Nº 69.

DEMANDE pour être nommé employé d'un chemin de fer.

—

A Monsieur (*le titre honorifique*), Directeur de la compagnie du chemin de fer de...

Monsieur le Directeur,

(*Suivre le protocole général.*)

. . . .

A l'honneur de vous prier de vouloir bien le nommer surveillant du chemin de fer de.....

Vous trouverez, etc. (*suivre le protocole général jusqu'à la fin; ajouter au bas de la signature la nomenclature des pièces qui doivent accompagner la demande*).

———

NOTA. Les emplois dans les chemins de fer, tels que ceux de chef ou sous-chef de gare, inspecteur, contrôleur, agent comptable et autres emplois actifs sédentaires, dépendent de l'administration générale des chemins de fer. Il faut donc s'adresser directement au chef de cette administration pour les obtenir. Les anciens militaires qui ont fait leurs preuves de conduite, d'ordre, de discipline et d'obéissance, d'intelligence et d'instruction, obtiennent toujours la préférence sur les nombreux solliciteurs qui se présentent. Cette formule peut s'adapter aux demandes d'emplois que peut désirer le demandeur, il s'agit seulement de se faire porter sur la liste des candidats et d'attendre son tour.

Lorsque la ligne de chemin de fer appartient à l'Etat, la demande doit être adressée au ministre des travaux publics.

Nᵒ 70.

DEMANDE pour obtenir un emploi de stationnaire (*ou
de surveillant, ou* de commis receveur, *ou* d'expéditionnaire) dans l'administration de la télégraphie
aérienne ou électrique.

—

A Monsieur
Le Directeur général de l'administration des télégraphes, à Paris ou en Algérie.

Monsieur le Directeur,

Le soussigné, sous-officier libéré du service, a l'honneur de vous prier de vouloir bien l'admettre à concourir pour *être candidat* dans l'administration des
télégraphes afin d'obtenir l'emploi de *stationnaire* (ou
de surveillant, *ou* de commis receveur, *ou* d'expéditionnaire), partout où il existera une vacance en France
ou en Algérie.

Il est prêt à subir les examens exigés, et il espère
que ses antécédents et ses services militaires attireront sur lui votre bienveillance.

Il vous prie d'agréer l'assurance de son profond
respect.

(*Ici la signature.*)

(*Indiquer au bas ses prénoms, son âge, son grade,
les décorations qu'il possède et sa demeure.*)

A...., le.... 18.....

Pièces jointes à l'appui de la demande.

1ᵒ Une expédition légalisée de son congé ;
2ᵒ Ses états de service ;
3ᵒ Etc., etc.

150

Nota. Des décrets des 1er et 4 juin et du 6 décembre 1854 ont organisé en France la télégraphie, tant *aérienne* qu'*électrique*, et l'ont placée dans les attributions du ministre de l'intérieur.

Un autre décret du 21 mars 1855 a également organisé cette télégraphie en Algérie, de la même manière qu'en France ; mais elle a été placée sous les ordres du ministre de la guerre, par délégation du ministre de l'intérieur, qui conserve dans la métropole les cadres de toute la télégraphie de l'Empire.

L'uniforme de ce corps est le même en Algérie qu'en France.

Les postulants subissent un examen dont on leur donne le programme.

L'organisation et l'administration du service de la télégraphie étant achevée, l'avancement roulera à l'avenir et hiérarchiquement sur tous les grades.

Les sous-officiers solliciteurs ne pourront donc entrer désormais dans ce corps que par le premier échelon, en demandant un emploi de *stationnaire* (ou de surveillant, ou de commis receveur, ou d'expéditionnaire), en s'adressant soit au directeur général en France, soit à celui de l'Algérie, qui nomme à ces emplois.

Les emplois de stationnaire *sont conférés* jusqu'à concurrence des *deux tiers* aux sous-officiers libérés du service.

Les autres emplois de stationnaire sont accordés aux candidats mis à la disposition du ministre de la guerre *par le ministre de l'intérieur.*

Dans cette nouvelle organisation de la télégraphie, le personnel, tant en France qu'en Algérie, se compose :

De directeurs généraux, — traitement.....		25,000 fr.
D'inspecteurs généraux..................		10,000
De directeurs principaux................		8,000
D'inspecteurs..........	1re classe.......	6,000
	2e classe.	5,000
	3e classe.	4,000
De directeurs de station.	1re classe.	3,000
	2e classe.	2,400
	3e classe.	2,000
De chefs de station....................		1,800

De stationnaires	1re classe. ...... 1,600 fr. 2^e classe. ...... 1,400 3e classe. 1,200	

De stationnaires........
- 1re classe. ...... 1,600 fr.
- 2e classe. 1,400
- 3e classe. 1,200

De surveillants ....
- 1re classe. 1,200
- 2e classe. 1,100
- 3e classe. 1,000

De commis receveurs...
- 1re classe. 2,400
- 2e classe. 2,000
- 3e classe. 1,600

D'expéditionnaires .....
- 1re classe. 1,800
- 2e classe. 1,600
- 3e classe. 1,400

De piétons............................ 800

Indépendamment des traitements, des frais de route et de séjour, lorsque les agents sont appelés à des inspections ou à des missions extraordinaires, il est attaché à ces emplois d'autres avantages : en Algérie, par exemple, ils reçoivent une indemnité coloniale du quart en sus de leur traitement. Les employés nouvellement admis qui n'appartiennent pas précisément aux cadres de la métropole touchent, lors de leur entrée en fonctions, une indemnité de première mise d'habillement; mais ils doivent entretenir et renouveler cet habillement.

Les directeurs généraux sont nommés par l'Empereur.

Les inspecteurs généraux, les directeurs principaux, les inspecteurs et les directeurs de station sont nommés par le ministre de l'intérieur sur la présentation du directeur général.

Les agents inférieurs sont nommés par le directeur général.

A partir du grade de stationnaire inclusivement, l'avancement ne peut avoir lieu d'une classe à l'autre et du grade inférieur au grade supérieur qu'après deux ans de service.

Le personnel de l'Algérie est le même que celui de la France ; mais il est mis, suivant les besoins du service, à la disposition du ministre de la guerre par le ministre de l'intérieur, et les employés en Algérie n'exercent leurs fonctions qu'en vertu de commissions délivrées par le ministre de la guerre.

Les fonctionnaires de télégraphie, en Algérie, ainsi que les stationnaires, sont considérés comme détachés, pour un service public, des cadres de la métropole, dans lesquels ils sont aptes à rentrer avec leur grade, après cinq années de service en Algérie.

Toutefois, la rentrée en France peut avoir lieu pour raison de santé et par suite d'avancement, quelle que soit la durée du service en Algérie.

(*Voir, au Mémorial, les décrets des 1er et 4 juin et 6 décembre 1854, et celui du 21 mars 1855 concernant l'Algérie.*)

N° 71.

DÉMANDE pour être nommé garçon de bureau dans un ministère.

———

A Son Excellence
Monsieur le Ministre de......

Monsieur le Ministre,

(Suivre le protocole général.)

. . . .

A l'honneur de vous prier de vouloir bien le nommer garçon de bureau dans votre ministère.

Vous trouverez, etc. *(suivre le protocole général jusqu'à la fin; ajouter au bas de la signature la nomenclature des pièces qui doivent accompagner la demande).*

———

NOTA. Il faut savoir écrire avec facilité et d'une manière correcte, être sans infirmités apparentes et jouir d'une bonne et robuste santé pour obtenir cet emploi, qui est accordé de préférence aux militaires retirés du service.

Nº 72.

Demande pour être nommé concierge d'un ministère.

—

A Son Excellence

Monsieur le Ministre de......

Monsieur le Ministre,

(Suivre le protocole général.)

. . . .

A l'honneur de vous prier de le nommer concierge dans votre ministère.

Vous trouverez, etc. (*suivre le protocole général jusqu'à la fin; ajouter au bas de la signature la nomenclature des pièces qui doivent accompagner la demande*).

—

Nota. Les militaires de la gendarmerie, soumis depuis longtemps à la discipline militaire, à l'ordre hiérarchique, joignant l'intelligence et la politesse à la sévérité des consignes, sont choisis de préférence pour ces emplois de confiance. Il faut savoir lire et écrire correctement.

N° 73.

Demande pour être nommé portier-consigne.

—

A Son Excellence
Monsieur le Ministre de la guerre.

Monsieur le Ministre,

(*Suivre le protocole général.*)

. . . .

A l'honneur de vous prier de vouloir bien le nommer portier-consigne à... *ou* dans toute autre résidence de France offrant des vacances d'emploi.

Vous trouverez, etc. (*suivre le protocole général jusqu'à la fin; ajouter au bas de la signature la nomenclature des pièces qui doivent accompagner la demande*).

———

Nota. Les fonctions de portiers se confèrent par le ministre de la guerre sur la présentation des chefs de service; en conséquence, il est nécessaire de s'assurer du concours des officiers supérieurs de la place où l'on désire que les fonctions soient accordées.

Les inspecteurs généraux d'arme, dans leurs tournées, portent également sur leur travail les sous-officiers en activité de service comme candidats à cet emploi (*Ord. du 16 mai 1838.*)

Les brigadiers de gendarmerie sont considérés, pour ce cas, comme sous-officiers et peuvent être portés également candidats. (*Décision impériale du 13 décembre 1852.*)

Aux termes de l'ordonnance du 31 mars 1829, il y a dans chaque place le nombre de portiers-consigne et de bateliers aides-portiers nécessaires au service des portes. Les emplois de portier-consigne sont donnés à des sous-officiers de gendarmerie ayant au moins seize ans de service,

ceux de bateliers aides-portiers sont donnés à des brigadiers ayant au moins huit ans de service. Il n'est dérogé
à ces conditions qu'en faveur de ceux de ces militaires qui,
par suite de blessures reçues ou d'infirmités contractées
dans l'exercice de leurs fonctions, ne sont plus propres à
un service plus actif que celui des places.

Les ordonnances des 19 mars 1823 et 12 octobre 1831
ont réglé les traitements de ces employés ainsi qu'il suit :

Portier-consigne de 1re classe....... 800 fr. par an.
    Id.   de 2e classe....... 700   id.
    Id.   de 3e classe....... 600   id.
Batelier aide-portier................ 365   id.

N° 74.

DEMANDE pour être nommé chevalier de la Légion d'honneur ou décoré de la médaille militaire.

—

A Monsieur (*le titre honorifique*),
Grand Chancelier de la Légion d'honneur.

Monsieur le Grand Chancelier,

(*Suivre le protocole général.*)

. . . .

A l'honneur de vous prier de vouloir bien lui faire obtenir la croix de la Légion d'honneur ou la médaille militaire.

Vous trouverez, etc. (*suivre le protocole général jusqu'à la fin; ajouter au bas de la signature la nomenclature des pièces qui doivent accompagner la demande*).

———

NOTA. Si par différentes circonstances des militaires de la gendarmerie ayant quitté le service, soit par retraite, soit autrement, n'ont pas obtenu la croix de la Légion d'honneur ou la médaille militaire, ils doivent s'adresser directement au grand chancelier de la Légion d'honneur: mais ils n'oublieront pas que s'ils ne justifient pas de faits éclatants, ils ne peuvent solliciter cette honorable faveur à moins de présenter vingt ans de service accomplis, et lors même que leur demande aurait été accueillie, il ne leur serait accordé aucun traitement, attendu que cette croix est considérée comme une rémunération civile à laquelle ne sont point attachés d'honoraires. (*Circulaire du ministre de la guerre du 7 août* 1853.)

Les sous-officiers et soldats des armées de terre et de mer amputés par suite de blessures reçues étant en activité de service, et auxquels la médaille militaire aura été conférée après leur admission à la retraite, ont droit au traitement de 100 fr. affecté à cette décoration. (*Décret du 9 mars* 1855.)

N° 75.

DEMANDE pour être nommé commis-greffier d'un conseil de guerre.

—

A Son Excellence
Monsieur le Ministre de la guerre.

Monsieur le Ministre,

(Suivre le protocole général.)

. . . .

A l'honneur de vous prier de vouloir bien le nommer commis-greffier d'un des conseils de guerre de la.... division militaire.

Vous trouverez, etc. (*suivre le protocole général jusqu'à la fin; ajouter au bas de la signature la nomenclature des pièces qui doivent accompagner la demande*).

NOTA. Les fonctions de greffier d'un conseil de guerre, bien qu'elles soient à la nomination directe du ministre de la guerre, ne sont ordinairement conférées que sur la présentation du général qui commande au lieu où siége le conseil.

Avant d'adresser une demande au ministre, il est convenable de s'assurer de l'assentiment des membres du conseil de guerre et de la présentation du général.

Nᵒ 76.

DEMANDE pour être admis à l'Hôtel des Invalides.

—

A Son Excellence
Monsieur le Ministre de la guerre.

Monsieur le Ministre,

(Suivre le protocole général.)

. . . .

A l'honneur de vous prier de vouloir bien l'admettre à l'Hôtel des Invalides, attendu qu'il se trouve dans l'impossibilité de pourvoir aux soins que nécessite sa santé (*ou* que nécessitent ses infirmités).

Vous trouverez, etc. (*suivre le protocole général jusqu'à la fin; ajouter au bas de la signature la nomenclature des pièces qui doivent accompagner la demande*).

—

Conditions requises pour être admis à l'hôtel des Invalides.

1º Avoir vingt-cinq ans de service effectif, soixante ans d'âge, et être en jouissance d'une pension de retraite;

2º Être privé d'un membre ou de son usage absolu; être atteint de cécité, de blessures ou infirmités équivalentes à la perte d'un membre, et contractées dans le service.

Pendant le séjour des militaires à l'hôtel des Invalides, ils ne touchent pas leur pension de retraite; elle est acquise à l'hôtel. Elle est remise à ceux qui en sortent. S'ils y rentrent, elle est de nouveau rendue, acquise à l'hôtel pour tout le temps qu'ils y restent.

Les militaires invalides reçoivent chaque mois une indemnité proportionnée aux grades, savoir : un adjudant sous-officier, 6 francs ; un sergent-major, 5 francs ; un sergent 4 francs ; un caporal, 3 francs ; un soldat, 2 francs.

Les membres de la Légion d'honneur reçoivent le traitement affecté à leur décoration.

(*Voir au Mémorial l'art.* 12 *du décret du* 1er *mars* 1854 *et la circulaire du ministre de la guerre du* 17 *décembre* 1847.)

Les hommes admis à l'hôtel des Invalides doivent s'y présenter dans les trois mois de leur admission. Passé ce temps, ils ne sont plus reçus.

NOMENCLATURE DES EMPLOIS CIVILS

Qui, aux termes des décrets des 8 mars 1811 et 25 mars 1852, peuvent être conférés, par Leurs Excellences les Ministres ou MM. les Préfets, aux officiers de gendarmerie de tous grades retraités.

Officiers généraux.

LES PRÉFECTURES (*Ministre de l'intérieur*);
LES RECETTES GÉNÉRALES ET PARTICULIÈRES DES FINANCES (*Ministre des finances*);
Les commandants supérieurs et inférieurs des châteaux impériaux (*Ministre d'Etat*).

Officiers supérieurs, et subsidiairement, aux officiers de tous grades.

Les sous-préfectures (*Ministre de l'intérieur*);
Les commandants supérieurs et inférieurs des châteaux impériaux (*Ministre d'Etat*);
Les recettes particulières des finances au-dessus de 1,500 fr. (*Ministre des finances*);
Les recettes particulières et perceptions de 1re et 2e classe (*Ministre des finances*);
Les messagers d'Etat (*MM. les Présidents du Sénat et du Corps législatif*);
Les conseillers de préfecture (*Ministre de l'intérieur*);
Les justices de paix (*Ministre de la justice*);
Les payeurs (*Ministre de la guerre*);
Les directions de poste de 1re, 2e, 3e et autres classes au-dessus de 1,500 fr. (*Ministre des finances*);

Les emplois de directeur et receveur, garde-magasin et préposés aux entrées de dépôts de mendicité (*Ministre de l'intérieur*) ;

Les places de lieutenant et sous-lieutenant des douanes (*Ministre des finances*) ;

Les emplois d'inspecteurs généraux, de directeurs, de chefs de dépôts, d'inspecteurs particuliers, de régisseurs et d'agents comptables des dépôts de haras (*Ministre des travaux publics, de l'agriculture et du commerce*) ;

Les emplois supérieurs de télégraphie, en France ou en Algérie (*Ministre de l'intérieur*) ;

Les receveurs des villes (*Ministre des finances*) ;

Les emplois de sous-inspecteurs et gardes généraux des forêts (*Ministre des finances*) ;

Les débits de tabac du produit de 1,500 fr. et au-dessus (*Ministre des finances*) ;

Les emplois de commissaires de police, d'officiers de paix dans la ville de Paris (*Ministre de l'intérieur, direction générale de la sûreté publique*) ;

Les emplois de garde magasin de la guerre (*Ministre de la guerre*) ;

Les bureaux de timbre *au-dessus* de 1,500 fr. (*Ministre des finances*) ;

Les emplois supérieurs de la télégraphie aérienne et électrique (*Ministre de l'intérieur*) ;

Les emplois supérieurs du corps militaire de la justice militaire (*Ministre de la guerre*) ;

Les emplois de chef et sous-chef de gare et de station dans les chemins de fer (*Administration des chemins de fer. — Ministre des travaux publics*) ;

Les emplois d'inspecteurs et de sous-inspecteurs de la navigation (*Ministre des travaux publics*) ;

Les emplois de receveurs des droits de péage sur les canaux soumissionnés, d'un produit au-dessus de 1,500 fr. (*Ministre des travaux publics*) ;

*Femmes et orphelins de militaires morts en activité
de service.*

Aux veuves
et
orphelins

d'officiers,
- Les bureaux de tabac au-dessus de 1,500 fr. (*Ministre des finances*) ;
- Les bureaux de timbre au-dessus de 1,500 fr. (*Idem*).

des
sous-offic.,
brigadiers
et
gendarmes,
- Les bureaux de tabac au-dessous de 1,500 fr. (*Les Préfets*) ;
- Les bureaux de timbre au-dessous de 1,000 fr. (*Idem*).

NOTA. Les places accordées aux militaires dans la régie des tabacs,

Celles de receveurs et percepteurs des contributions,

Celles qui dépendent de l'administration des forêts, des lieutenants et sous-lieutenants des douanes, ne pourront excéder la moitié de celles qui sont déterminées par le cadre d'organisation, et ces militaires ne concourront que pour un tiers aux places dépendantes de l'administration des postes. (*Art. 7 du décret du 8 mars 1811 ainsi que celui du 25 mars 1852.*)

DOCUMENTS A CONSULTER.

—

DÉCRET IMPÉRIAL

*qui affecte divers emplois civils aux militaires admis
à la retraite ou réformés pour cause d'infirmités ou
de blessures.*

8 mars 1811.

Napoléon, Empereur des Français, Roi d'Italie,
Protecteur de la Confédération du Rhin, Médiateur
de la Confédération suisse ;

Voulant assurer de nouvelles récompenses aux militaires admis à la retraite ou réformés pour causes
d'infirmités ou de blessures ;

Considérant qu'il existe dans les administrations civiles divers emplois qu'ils sont susceptibles d'occuper,
et auxquels il est de notre justice de les faire concourir, selon que le bien du service l'exigera ;

Sur le rapport de notre ministre de la guerre ;

Notre conseil d'Etat entendu,

Nous avons décrété et décrétons ce qui suit :

Art. 1er. Les emplois ci-après désignés seront accordés aux militaires de terre et de mer jouissant de
la solde de retraite, ou à ceux qui, sans avoir obtenu
cette solde, auraient été réformés, par suite d'infirmités, d'accidents ou de blessures provenant d'un
service de guerre, et lorsque, dans l'un et l'autre cas,
ils auront satisfait aux conditions nécessaires pour
remplir ces emplois.

2. Seront affectés aux officiers supérieurs, et subsidiairement aux officiers de tout grade, dans la proportion déterminée par l'art. 7 :

Les emplois d'inspecteurs généraux, de directeurs

et de chefs de dépôts des haras, de receveurs généraux des départements, de receveurs d'arrondissements et des villes, de directeurs des postes de première classe, d'inspecteurs des forêts ; les entrepôts généraux de la régie des tabacs (1).

3. Seront affectés aux officiers particuliers de tout grade, également dans la proportion déterminée par l'art. 7 :

Les places d'inspecteurs particuliers, de régisseurs et d'agents comptables des dépôts de haras, de directeurs, receveurs, garde-magasins et préposés aux entrées de dépôts de mendicité, de percepteurs de communes, de lieutenants et sous-lieutenants des douanes, de directeurs des postes de deuxième et troisième classe ; les bureaux de loterie (2) ; les places de sous-inspecteurs et gardes généraux des forêts ; les entrepôts particuliers des tabacs (3), les débits de tabacs, du produit de 1,500 fr. et au-dessus ; les places de commissaires des poudres et salpêtres, d'officiers de paix dans la ville de Paris, de garde-magasins de l'administration de la guerre.

4. Seront affectés aux sous-officiers et soldats, sachant lire et écrire, les places de chefs d'atelier des dépôts de mendicité, de gardes champêtres et forestiers, de préposés des douanes, de facteurs des postes, de gardes particuliers et de gardes à cheval des forêts, de timbreurs, emballeurs et garçons de bureau de l'enregistrement ; les débits de la régie des tabacs, d'un produit au-dessous de 15,00 fr. ; les places d'employés des octrois des villes et communes, et de garçons de bureau dans les diverses administrations.

5. Seront également affectés aux soldats illettrés les emplois de préposés aux douanes, et ceux des dépôts de mendicité qui peuvent leur convenir.

6. Seront aussi affectés aux femmes et aux orphelins des militaires morts en activité de service, con-

(1-2-3) Ont été supprimés.

166

curremment avec les militaires ci-dessus désignés,
savoir :

Aux veuves et orphelins des officiers supérieurs,
les entrepôts généraux de tabacs, les bureaux de loterie (1);

Aux veuves et orphelins des officiers de tout grade,
les entrepôts particuliers de tabacs (2), et débits d'un
produit au-dessus de 1,500 fr.;

Aux veuves et orphelins des sous-officiers et soldats,
les débits de tabacs au-dessous de 1,500 fr.

7. Les places accordées aux militaires dans la régie
des tabacs ne pourront excéder, pour le moment, la
moitié de celles qui seront déterminées par le cadre
d'organisation.

Il en sera de même des places de receveurs et percepteurs des contributions, de celles qui dépendent de
l'administration des forêts, des lieutenants et sous-
lieutenants des douanes.

Les militaires ne concourront que pour un tiers aux
places dépendantes de l'administration des postes et
de la direction générale des vivres.

8. Les emplois des douanes, de l'administration des
forêts, et ceux de gardes champêtres, ne pourront
être donnés qu'à des militaires encore en état de
mener une vie très-active.

9. Les militaires ayant leur retraite, ou réformés
pour cause d'infirmités ou de blessures, les veuves et
orphelins des militaires, nommés à des emplois, devront
fournir les cautionnements qu'ils exigent, et remplir,
en outre, les conditions et formalités requises pour
les exercer.

10. La solde de retraite continuera d'être cumulée
avec le traitement ou les remises affectés aux emplois
dont les militaires seront susceptibles.

11. Les demandes que les militaires de nos armées
de terre et de mer feront pour obtenir les places aux-

(1-2) Ont été supprimés.

quelles ils peuvent prétendre en conformité du présent décret, seront adressées à nos ministres de la guerre et de la marine, lesquels, après les avoir examinées, les enverront avec leurs notes aux ministres et aux administrations dont ces emplois dépendent.

Cette opération pour les emplois de la régie des tabacs devra être terminée avant le 15 avril prochain.

12. A l'avenir, nul ne pourra être admis à exercer un emploi dans aucune administration civile, s'il ne compte cinq années de service, s'il ne jouit de sa retraite, ou s'il n'a été réformé pour des causes énoncées en l'art. 1er. Cependant, s'il ne se présente pas un nombre suffisant de militaires, ou si ceux qui se présenteraient ne remplissaient pas les conditions exigées, il pourra être nommé, comme par le passé, aux emplois qui leur sont réservés.

13. Nos ministres sont chargés, chacun en ce qui le concerne, de l'exécution du présent décret, qui sera inséré au *Bulletin des lois*.

Signé : NAPOLÉON.

Par l'Empereur :

Le Ministre Secrétaire d'État,
   Signé : H.-B. duc DE BASSANO.

EXTRAIT

du décret sur la décentralisation administrative
du 25 mars 1852 (1).

. . . .

5. Ils (*Messieurs les préfets*) nommeront directement, sans l'intervention du gouvernement et sur la présen-

(1) *Voir* ce décret au supplément du 4e volume du *Mémorial*.

tation des divers chefs de service, aux fonctions et emplois suivants :

1° Les directeurs des maisons d'arrêt et des prisons départementales;

2° Les gardiens desdites maisons et prisons;

3° Les membres des commissions de surveillance de ces établissements;

4° Les médecins et comptables des asiles publics d'aliénés;

5° Les médecins des eaux thermales dans les établissements privés ou communaux;

6° Les directeurs et agents des dépôts de mendicité;

7° Les architectes départementaux;

8° Les archivistes départementaux;

9° Les administrateurs, directeurs et receveurs des établissements de bienfaisance;

10° Les vérificateurs des poids et mesures;

11° Les directeurs et professeurs des écoles de dessin et les conservateurs des musées des villes;

12° Les percepteurs surnuméraires;

13° Les receveurs municipaux des villes dont le revenu ne dépasse pas 300,000 fr. ;

14° Les débitants de poudre à feu;

15° Les titulaires des débits de tabac simples dont le produit ne dépasse pas 1,000 fr.

16° Les préposés en chef des octrois des villes;

17° Les lieutenants de louveterie;

18° Les directeurs des bureaux de poste aux lettres dont le produit n'excède pas 1,000 fr. ;

19° Les distributeurs et facteurs des postes;

20° Les gardes forestiers des départements, des communes et des établissements publics ;

21° Les gardes champêtres ;

22° Les commissaires de police des villes de six mille âmes et au-dessous;

23° Les membres des jurys médicaux;

24° Les piqueurs des ponts et chaussées et cantonniers du service des routes;

25° Les gardes de navigation, cantonniers, éclusiers barragistes et pontonniers;

26° Les gardiens de phares, les canotiers du service des ports maritimes de commerce, baliseurs et surveillants de quais.

6. Les préfets rendront compte de leurs actes aux ministres compétents dans les formes et pour les objets déterminés par les instructions que ces ministres leur adresseront.

Ceux de ces actes qui seraient contraires aux lois et règlements, ou qui donneraient lieu aux réclamations des parties intéressées, pourront être annulés ou réformés par les ministres compétents.

7. Les dispositions des art. 1, 2, 3, 4 et 5 ne sont pas applicables au département de la Seine.

Fait au palais des Tuileries, le 25 mars 1852.

Signé : LOUIS-NAPOLÉON.

Le Ministre de l'intérieur ;
Signé : F. DE PERSIGNY.

INDICATION DE LA DATE DE DIFFÉRENTES INSTRUCTIONS ET CIRCULAIRES INSÉRÉES AU MÉMORIAL ET UTILES A CONSULTER.

Admission dans la gendarmerie.

Voir la demande n° 17 et, au *Mémorial*, les art. 17, 18, 19 20, 21, 22 et 23 du décret du 1er mars 1854.

Changements de résidence, vacances d'emploi, remplacements.

Voir la demande n° 15 et, au *Mémorial*, les circulaires des 1er février 1849, 10 mai 1833 et les art. 24, 25, 26 et 27 du décret du 1er mars 1854.

Chemins de fer.

Voir la demande n° 69 et, au *Mémorial*, la circulaire du ministre des travaux publics du 9 mai 1847 relative à la nomination des commissaires spéciaux de police et agents de surveillance.

Commissaires de police.

Voir la demande n° 56 et, au *Mémorial*, les actes suivants :

23 novembre 1852. — Circulaire du ministre de la police générale ;

4 décembre 1852. — Circulaire du ministre de la guerre.

Douaniers.

Voir la demande n° 63 et, au *Mémorial*, les actes suivants :

11 mai 1843. — Note du ministre de la guerre ;
4 mai 1847. — Note du ministre de la guerre.

Eaux thermales.

Voir la demande n° 25 et, au *Mémorial*, la note du ministre de la guerre du 18 juillet 1853.

Enfants de troupe dans la gendarmerie.

Voir les demandes n°s 29 et 30 et, au *Mémorial*, les actes suivants :

15 juin 1842. — décision du ministre de la guerre,
22 décembre 1851. — Décret de l'Empereur ;
10 juillet 1852. — Décret de l'Empereur ;
27 novembre 1852. — Décret de l'Empereur ;
27 novembre 1852.—Arrêté du ministre de la guerre:
31 mai 1853. — Décision du ministre de la guerre ;
9 janvier 1855.—Circulaire du ministre de la guerre.

Gardes forestiers.

Voir la demande n° 54 et, au *Mémorial*, les notes du ministre de la guerre des 11 mai 1843 et 4 mai 1849.

Gendarmes vétérans.

Voir la demande nº 39 et, au *Mémorial*, le nouveau décret d'organisation du 15 février 1854.

Légion d'honneur.

Voir la demande nº 74 et, au *Mémorial*, les actes suivants :

4 décembre 1849. — Loi relative aux promotions dans l'ordre;

31 janvier 1852. — Décret;

4 février 1852. — Circulaire du ministre de la guerre;

16 mars 1852. — Décret organique de l'ordre;

24 novembre 1852. — Décret sur la discipline de l'ordre.

Mariage des militaires de la gendarmerie.

Voir la demande nº 13 et, au *Mémorial*, la circulaire du ministre de la guerre du 18 février 1853 et l'art. 539 du décret du 1er mars 1854.

Médailles d'honneur.

Voir la demande nº 74 et, au *Mémorial*, les actes suivants :

22 janvier 1852. — Décret institutif de la médaille militaire;

29 février 1852. — Décret fixant la forme de la médaille et conditions pour l'obtenir;

1er avril 1852. — Circulaire du ministre de la guerre;

24 novembre 1852. — Décret sur la discipline de l'ordre;

2 mars 1853. — Décision impériale;

9 février 1855. — Décret;

Militaires retraités ou proposés pour la retraite désirant se retirer dans leurs foyers en attendant la liquidation de leur pension.

Voir la demande n° 41 et, au *Mémorial*, la circulaire du ministre de la guerre du 17 décembre 1847 et l'art. 42 du décret du 1ᵉʳ mars 1854.

Service des places. Commandants et majors de place, commandants, adjudants et secrétaires archivistes, portiers-consignes.

Voir la demande n° 73 et, au *Mémorial*, la décision impériale du 13 décembre 1852 qui admet les *brigadiers* de gendarmerie à concourir pour les emplois de *portier-consigne*.

Les instructions sur les revues d'inspection donnent les indications suivantes :

Sont proposés :

1° Les chefs d'escadron, pour des emplois de commandant et de major de place ;

2° Les capitaines, pour des emplois de commandant, d'adjudant et de secrétaire archiviste ;

3° Les lieutenants, pour des emplois d'adjudant et de secrétaire archiviste ;

4° Les sous-officiers et brigadiers, pour portiers-consignes.

Télégraphie aérienne et électrique.

Voir la demande n° 70 et, au *Mémorial*, les actes suivants :

1, 4 et 6 décembre 1854 et 21 mars 1855, décrets organisant la télégraphie en France et en Algérie.

FIN DU SECRÉTAIRE DU GENDARME.

TABLE DES MATIÈRES.

SECONDE PARTIE.

Imprimerie LÉAUTEY, rue St-Guillaume, 23.

9 782329 814537